A CAMINHO DA MATURIDADE NA EXPERIÊNCIA DE DEUS

Dados Internacionais de Catalogação na Publicação (CIP)
(Câmara Brasileira do Livro, SP, Brasil)

García Rubio, Alfonso
  A caminho da maturidade na experiência de Deus / Alfonso García Rubio – Petrópolis, RJ : Vozes, 2021.

  Bibliografia.
  ISBN 978-65-5713-138-1

  1. Experiência religiosa – Psicologia 2. Infantilismo 3. Maturidade (Psicologia) – Aspectos religiosos 4. Psicanálise 5. Vida cristã I. Título.

21-62438   CDD-200.19

Índices para catálogo sistemático:
1. Maturidade na experiência de Deus : Psicologia religiosa   200.19

Cibele Maria Dias – Bibliotecária – CRB-8/9427

ALFONSO GARCÍA RUBIO

A CAMINHO DA MATURIDADE NA EXPERIÊNCIA DE DEUS

EDITORA
VOZES

Petrópolis

© 2021, Editora Vozes Ltda.
Rua Frei Luís, 100
25689-900 Petrópolis, RJ
www.vozes.com.br
Brasil

Todos os direitos reservados. Nenhuma parte desta obra poderá ser reproduzida ou transmitida por qualquer forma e/ou quaisquer meios (eletrônico ou mecânico, incluindo fotocópia e gravação) ou arquivada em qualquer sistema ou banco de dados sem permissão escrita da editora.

CONSELHO EDITORIAL

Diretor
Gilberto Gonçalves Garcia

Editores
Aline dos Santos Carneiro
Edrian Josué Pasini
Marilac Loraine Oleniki
Welder Lancieri Marchini

Conselheiros
Francisco Morás
Ludovico Garmus
Teobaldo Heidemann
Volney J. Berkenbrock

Secretário executivo
João Batista Kreuch

Editoração: Elaine Mayworm
Diagramação: Sheilandre Desenv. Gráfico
Revisão gráfica: Jaqueline Moreira
Capa: WM design

ISBN 978-65-5713-138-1

Editado conforme o novo acordo ortográfico.

Este livro foi composto e impresso pela Editora Vozes Ltda.

Sumário

Introdução, 7
1 Da "sombra" à verdade que liberta, 13
2 Superação do infantilismo religioso, 61
3 A fé cristã em Deus Pai e a crítica freudiana da religião, 95
4 O desafio do mal: violência e a experiência cristã comunitária, 137
5 Prioridade do perdão sobre a culpa, 170
Conclusão, 201
Índice, 205

Introdução

A experiência de Deus está no centro da vida da pessoa religiosa. Certamente, está no centro da vida da pessoa cristã. No caso cristão, obviamente, trata-se do Deus da revelação bíblico-cristã, do Deus salvador-criador, do Deus revelado mediante Jesus Cristo. Ora, a revelação desse Deus comporta, como resposta do ser humano, a abertura para acolher o dom do seu amor gratuito. Uma abertura acolhimento que desinstala e interpela para a conversão, reorientando a própria vida para acolher o amor de Deus e para viver o amor-serviço aos irmãos e irmãs. A experiência do Deus de Jesus Cristo implica a capacidade de se decidir pela abertura ou pelo fechamento, pois trata-se de um Deus Amor que não se impõe pela força. Quer dizer, algo de liberdade deve existir no ser humano que acolhe o dom de Deus, algo de capacidade para se decidir por si mesmo e para assumir as consequências dessa decisão. Pois, o amor, como sabemos, não é passivo, antes, dinamiza todo o viver humano.

Em outras palavras, algo de maturidade humana é necessário para viver a experiência do Deus cristão. Naturalmente, há diversos graus no processo humano de maturidade que, de fato, nunca é completo e acabado. Estamos sempre a caminho para um pouco mais de maturidade. Entretanto, o que se observa, na vida das Igrejas, é a presença de grande número de pessoas que parecem estar tão enredadas nos estágios infantis da vida humana que o encontro pessoal com o Deus de Jesus Cristo acaba sendo, lamentavelmente, obstaculizado ou até impedido.

Tenho consciência de que um dos grandes desafios da pastoral eclesial está centrado na qualidade do serviço que somos chamados a concretizar, com coragem e criatividade, para ajudar a tantos e tantos cristãos na superação de uma situação infantil na fé, tornando possível a vivência mais adulta da fé cristã. Trata-se de um desafio fundamental dirigido, especialmente, àqueles que tratam da formação em seminários e noviciados e a quantos – homens e mulheres – que têm uma responsabilidade especial na orientação do povo cristão, incluindo, junto com os padres, religiosas e religiosos, professores e professoras, catequistas, coordenadores de círculos bíblicos, de CEBs e de Movimentos. O meu objetivo com as reflexões contidas nesta obra é ajudar um pouco nesse importantíssimo empreendimento.

Reconheço que a temática abordada neste livro vai na contramão das tendências predominantes nas Igrejas, hoje. São poucos os que se interessam pelo aprofundamento da qualidade da própria fé, bem como pela qualidade da fé vivida pelas comunidades eclesiais. Uma onda de superficialidade parece varrer os recintos eclesiais. Parecem, de fato, predominar tendências espiritualistas desencarnadas, um emocionalismo que se esgota com rapidez e uma instrumentalização da fé. Poucos têm coragem ou condições para pensar a própria fé e para rever a qualidade dessa fé. Uma reflexão teológica um pouco aprofundada assusta, ou, então, é deixada de lado, como algo inútil.

A situação piora, quando a teologia utiliza a mediação psicanalítica. Também a psicanálise parece estar perdendo terreno. O esforço para mergulhar na própria realidade interior é penoso. Resulta doloroso entrar em contato com a realidade do inconsciente, mediante a psicanálise. E, assim, são oferecidas e procuradas incontáveis terapias e meios considerados mais rápidos e menos dolorosos para lidar com os problemas psíquicos.

Mesmo estando consciente da dificuldade do empreendimento, vou procurar, com a ajuda de elementos tomados, sobretudo da psicologia profunda e da psicanálise, entender melhor o fenômeno do infantilismo religioso. Tentarei, também, apontar algumas pistas que possam ajudar no trabalho pastoral e na orientação espiritual, na caminhada necessária para o desenvolvimento de, ao menos, um pouco mais de maturidade humano-cristã.

Alguém poderá estranhar a utilização feita, nesta obra, de elementos tomados da psicologia profunda e da psicanálise. Dado que, de fato, não domino esses campos do saber, procuro fundamentar as afirmações feitas, nessas áreas, em autores especialistas. No que se refere à psicanálise, sou devedor, de maneira muito especial, dos trabalhos de C.D. Morano, psicanalista de orientação freudiana e teólogo[1].

A utilização que faço aqui de elementos tomados da psicanálise e da psicologia profunda não deveria causar espécie em ninguém. Acontece que as suspeitas levantadas pela psicanálise em relação à religião, suspeitas de alienação, de infantilismo, de neurose e, assim por diante, têm-se espalhado pelos diferentes níveis da cultura: cinema, pintura, sociologia, filosofia etc. De fato, nossa cultura ocidental está impregnada de um ambiente crítico em relação à religião, ambiente proveniente, em boa parte, das influências da psicanálise. As descobertas da psicanálise, gostemos ou não, têm mudado, de maneira profunda, a visão sobre o ser humano e sobre a sociedade. A propalada inculturação da fé não deveria descuidar esse desafio cultural, se de fato se deseja concretizar uma real evangelização da cultura.

A psicanálise, como é sabido, trata só do inconsciente. Extrapolaria seu objetivo, se o psicanalista fizesse afirmações sobre a verdade de um enunciado religioso. Então, alguém poderá perguntar: Por que preocupar-se com o inconsciente? Uma vez que a fé se vive no mundo consciente, para que se preocupar com a psicanálise?

Simplesmente porque o inconsciente interfere em todas as vivências humanas e, evidentemente, também na vivência da fé religiosa[2].

Nesta reflexão, dou por suposta a crítica das diversas modalidades de dualismo antropológico. Elas, uma vez que orientam para relações de exclusão entre as dimensões do humano e da vida

---

1 De C.D. Morano utilizo preferentemente duas obras: Crer depois de Freud (São Paulo: Loyola, 2003) e Experiencia cristiana y psicoanálisis (Santander: Sal Terrae, 2006).

2 Cf. MORANO, C.D. Experiencia cristiana y psicoanálisis. Op. cit., p. 17.

cristã, têm prejudicado o processo que leva à maturidade integral da pessoa[3].

O livro consta de cinco capítulos. Seu conteúdo está tomado, basicamente, de cinco artigos que publiquei na revista do Departamento de Teologia da PUC/Rio, *Atualidade Teológica*[4]. Com vistas à publicação atual desta obra, foram feitas várias adaptações e complementações.

No capítulo 1, analiso um elemento prévio indispensável para o processo de maturidade humano-cristã. Consiste na aceitação da ambiguidade existente em cada um de nós e em todas as coletividades. Antes, porém, de abordar esta temática, procurarei focalizar a importância e a necessidade da utilização da hermenêutica e das mediações culturais atuais e a fim de que possa ser significativa a mensagem cristã para os homens e mulheres que vivem e pensam no horizonte da cultura contemporânea. Com a ajuda da psicologia profunda de orientação junguiana, focalizo, logo a seguir, a realidade da *sombra* existente em todo ser humano, nas instituições e em todas as criações humanas. Aceitar a própria sombra e aprender a lidar com ela é um primeiro passo na caminhada para uma experiência adulta de Deus. Passando para a linguagem teológica, analiso, em continuação, a realidade da *mentira* nos escritos do Novo Testamento. E junto com a mentira aparece a tendência da pessoa e do povo para se iludirem a respeito da própria realidade.

---

3 A crítica do dualismo e a superação do mesmo têm sido objeto de numerosas publicações. De minha autoria, cf. esp. GARCÍA RUBIO, A. *Unidade na pluralidade – O ser humano à luz da fé e da reflexão cristãs*. 7. reimpr. São Paulo: Paulus, 2014, cap. 2 e 8. • GARCÍA RUBIO, A. *Antropologia teológica – Salvação cristã: salvos de que e para quê?* 7. ed. Petrópolis; Vozes, 2019, p. 19-38 [1. ed., 2004; 3. reimpr., 2017].

4 GARCÍA RUBIO, A. "Da 'sombra' à verdade que liberta". In: *Atualidade Teológica*, 6/7, 2000, p. 13-47. • GARCÍA RUBIO, A. "Superação do infantilismo religioso". In: *Atualidade Teológica*, 12, 2002, p. 303-328. • GARCÍA RUBIO, A. "A fé cristã em Deus Pai e a crítica freudiana da religião". In: *Atualidade Teológica*, 15, 2003, p. 296-322. • GARCÍA RUBIO, A. "O desafio do mal/violência e a experiência cristã comunitária". In: *Atualidade Teológica*, 18, 2004, p. 287-312. • GARCÍA RUBIO, A. "Prioridade do perdão sobre a culpa". In: *Atualidade Teológica*, 21, 2005, p. 249-273.

No capítulo 2, estudo a possível relação entre o infantilismo psicoafetivo e o infantilismo religioso. No desenvolvimento da reflexão, sou ajudado por afirmações provenientes da psicanálise. Verificarei também até que ponto a experiência amadurecida de Deus estaria enraizada no desejo de fusão e de onipotência presente nas duas primeiras fases da evolução psicoafetiva da criança. Deve ficar claro, no desenrolar da reflexão, apoiada agora na reflexão teológica, que o encontro com o Deus cristão leva à superação do infantilismo religioso.

De maneira ainda mais concreta e tendo como ponto de partida a crítica freudiana da religião, ressalto, no capítulo 3, a necessidade de a pessoa humana superar as relações infantis com o pai, para poder vivenciar uma relação mais amadurecida com Deus Pai. Nesta temática, já dentro do campo da reflexão teológica, é indispensável e totalmente prioritário examinar a qualidade das relações vividas por Jesus de Nazaré com o Deus que ele chamava de *Abbá*. Assim, se, por um lado, é verdade que, na relação com Deus como Pai, a pessoa pode ficar enredada nos sonhos e ilusões regressivos infantis, também é certo, por outro lado, que essa relação pode ser vivida na história concreta de maneira livre, responsável e comprometida com a prática da justiça e do amor efetivo.

A fé cristã possui uma dimensão comunitária. E, assim, o processo de maturidade na experiência de Deus é vivido no âmbito comunitário eclesial. Daí a importância de uma experiência comunitária eclesial *sadia*. Para isso, faz-se necessário o desenvolvimento de uma subjetividade aberta que inclui o cuidado com o a dimensão afetiva do ser humano. O capítulo 4 trata precisamente dessa experiência comunitária, antropologicamente sadia. O capítulo visa, concomitantemente, responder ao desafio que a *violência* representa para a consciência cristã. De fato, só uma autêntica experiência comunitária eclesial poderá ser um *sinal* concreto de que é possível viver o amor-serviço em relação às vítimas da violência e uma real reconciliação sem a procura de uma vítima expiatória. Destarte, neste capítulo, procura-se mostrar que, na experiência comunitária, encontra-se uma resposta ao desafio da violência e, ao mesmo tempo, o clima necessário para o desenvolvimento do processo de maturidade na fé cristã.

O sentimento *doentio* de culpa constitui um obstáculo poderoso no processo de maturidade na experiência do Deus cristão. Feita essa constatação, analiso, no capítulo 5, a origem de superculpabilidade que tem estado presente na Igreja Católica e nas Igrejas surgidas da Reforma. Esta perspectiva histórica está fundamentada no historiador J. Delumeau. A seguir, estudo, com a ajuda da psicanálise, em que consiste o sentimento de culpa, para apresentar, na parte central do capítulo, seu significado na visão bíblico-teológica. Como consequência, pode-se constatar que este sentimento de culpa, vivido numa subjetividade aberta, é libertador. Este é o sentimento de culpa experimentado pela pessoa que vai amadurecendo na experiência cristã. Trata-se de outra dimensão importante na caminhada para a maturidade na experiência do Deus cristão.

Na conclusão de cada um dos capítulos, são feitas algumas aplicações dos temas estudados à ação pastoral e à vivência da espiritualidade.

Agradeço aos alunos de Teologia (Graduação e Pós-graduação) da PUC-Rio o incentivo e o enriquecimento que tem significado o diálogo com eles/as, especialmente nos Seminários realizados sobre a temática deste livro. E agradeço, de maneira especial, a valiosa ajuda da Profa. Maria Carmen Castanheira Avelar na correção e na preparação dos textos.

1
Da "sombra" à verdade que liberta

Introdução

Faz poucos anos que foi vivido, no mundo e na Igreja, um clima de final/início de século/milênio. Foi um tempo simbólico especialmente propício para refletir sobre o passado e para rever o caminho percorrido no século/milênio que terminava, carregado de interrogações sobre o futuro da humanidade. Tratava-se de uma revisão necessária em todos os aspectos da vida humana. Sem dúvida, necessária também, e de maneira toda especial, na vida eclesial.

No intuito de colaborar para a realização de uma revisão feita com profundidade e verdade, publiquei, em 2000, um trabalho no qual focalizava a realidade da ambiguidade do ser humano e de todas as suas criações, no plano individual e no âmbito coletivo[5]. O reconhecimento desta realidade constitui um alicerce indispensável para uma revisão profunda e verdadeira e, com certeza, igualmente indispensável para a caminhada no aprofundamento da experiência do Deus cristão. O tema continua apresentando total atualidade, sendo apresentado aqui com pequenas modificações.

Assim, pois, a ambiguidade do ser humano constitui o ponto de partida da reflexão apresentada neste capítulo. Parece-me que não é necessário insistir muito na realidade de que cada um de nós é profundamente ambíguo. Basta um pouco de autoconhecimento para que a pessoa possa constatar o quanto ela é internamente divi-

---

5 Cf. GARCÍA RUBIO, A. "Da 'sombra' à verdade que liberta". Op. cit.

dida, desarmoniosa e contraditória. O conhecido texto paulino de Rm 7,14ss. focaliza bem esta experiência universal. A ambiguidade afeta todos os humanos, também os cristãos, evidentemente. E afeta as comunidades e as Igrejas. E, conforme a fé cristã, a ambiguidade só será superada totalmente na plenitude escatológica[6].

Certamente, a realidade da ambiguidade está presente também na história humana. Para ressaltar isso, apenas como um exemplo, abordarei, sumariamente, no primeiro item do capítulo, a seguinte questão: o século XX (tratar do último milênio levaria esta reflexão longe demais) significou um passo avante (ou uma regressão) no processo de humanização?

Num segundo item, no intuito de explicar por que utilizo nesta obra a mediação de elementos tomados das ciências atuais, apresento brevemente a necessidade de aplicar uma adequada hermenêutica na reflexão teológica, espiritual e pastoral.

Num terceiro item, orientando-me pelas afirmações de autores da escola junguiana de psicologia profunda, procurarei mostrar aquilo que os defensores dessa escola entendem com o termo *sombra*.

No quarto item, situado no horizonte da reflexão bíblico-teológica, será fácil perceber, na mensagem neotestamentária, a extrema gravidade com que é apresentada a mentira do ser humano.

Finalmente, no item quinto, sintetizando os itens anteriores, serão indicados alguns desafios, para a revisão pessoal e comunitária, suscitados pela ambiguidade da história, pessoal e coletiva, e pela tendência própria do ser humano a iludir-se tanto a respeito da própria realidade pessoal quanto em relação à realidade das comunidades e da Igreja.

---

6 Sobre o tema da ambiguidade humana, cf. GARCÍA RUBIO, A. *Unidade na pluralidade – O ser humano à luz da fé e da reflexão cristãs*. Op. cit., p. 658ss. • GARCÍA RUBIO, A. *Antropologia teológica – Salvação cristã: salvos de que e para quê?* Op. cit., p. 247-255 e 288-290.

1 Século XX: humanização vs. desumanização?

Como se desenvolveu o processo de humanização durante o século XX? Estamos em condições de fazer um balanço do que significou o último século em termos reais de humanização? Um balanço completo não me parece possível, pois, por um lado, os acontecimentos desse século têm sequelas que ainda estamos experimentando e, por outro, todos somos participantes – uns mais, outros menos – em sua história. Entretanto, embora não tenhamos condições de analisar, de maneira completa, o que tem significado o século XX em matéria de humanização, é possível fazer resumos que, embora incompletos e provisórios, são importantes para nos situarmos diante dos desafios do futuro.

Os historiadores já adiantaram alguns desses balanços. É o caso, por exemplo, de E. Hobsbawm[7]. Seguindo a sétima narrativa e a interpretação deste autor, não é difícil perceber quais têm sido as linhas básicas do processo de humanização/desumanização no decurso do século XX. Faço, a seguir, um breve resumo.

1.1 *O estarrecedor caminho da desumanização*

Até a Primeira Guerra Mundial (1914-1918), predomina na Europa o otimismo antropológico, herdeiro do Iluminismo. Nos primeiros anos do século XX, em continuidade com a trajetória vivida no século XIX, a civilização ocidental parecia triunfar em todos os setores da vida humana. As estupendas conquistas científicas do século XIX prometiam um futuro melhor para todos. A Europa acreditava ser o centro do mundo. Ora, sua economia – capitalista – com sua burguesia triunfante, seu liberalismo no âmbito da política e do direito, o pujante desenvolvimento das artes e da educação, o messianismo com que a Europa difundia sua civilização pelo resto do mundo, com a predominância incontestada da sua economia, da sua ciência e dos seus exércitos, tudo isto sofreu um fortíssimo

---

7 Cf. HOBSBAWM, E. *Era dos extremos* – O breve século XX: 1914-1991. São Paulo: Companhia das letras, 1997.

choque com a realidade do barbarismo extremo vivido na Primeira Guerra Mundial.

Realmente, diante dos horrores da guerra, seria muito difícil continuar acreditando nas excelências da civilização ocidental. O bárbaro massacre de milhões de seres humanos, a tremenda sangria que significou a primeira Guerra Mundial é de arrepiar o ser humano mais endurecido[8]. Ainda hoje, vendo fotografias ou lendo relatos da guerra, podemos sentir a brutalidade, a barbárie e o horror que ela significou[9]. E, quando nos perguntamos sobre as causas da guerra, ficamos atordoados diante do fato de que os estadistas "civilizados" da época se mostraram incapazes de encontrar uma solução pacífica para os conflitos de interesses que antagonizavam as potências europeias da segunda década do século XX. E não menos estarrecidos ficamos diante da estupidez e da cegueira manifestadas no pós-guerra no tratamento dispensado pelas potências vencedoras à Alemanha perdedora. Tratamento este que provocou o surgimento das condições que ocasionaram a Segunda Guerra Mundial (1939-1945).

O que foi o barbarismo da Segunda Guerra Mundial é mais conhecido. Estava reservada para o século XX a infeliz "honra" de ter provocado, provavelmente, a maior catástrofe da história humana[10]. O número incrivelmente elevado de mortos (54 milhões?), especialmente entre a população civil, as destruições massivas de cidades, duas explosões atômicas sobre populações indefesas, campos de concentração, genocídio praticado em escala gigantesca, milhões de fugitivos da guerra, invenção de engenhos cada vez mais sofisticados para matar de maneira mais eficaz etc. E tudo isto sem contar as atrocidades cometidas em outros conflitos, como na Guerra Civil Espanhola (1936-1939) e sem esquecer também o terror e a cruel-

---

8 O número de mortos, só na Frente Ocidental, já dá uma ideia da fúria assassina que assolou a Europa de 1914 a 1918: 800 mil britânicos, 1,6 milhão de franceses e 1,8 milhão de alemães. Cf. HOBSBAWM, E. *Era dos extremos* – O breve século XX: 1914-1991. Op. cit., p. 34.

9 Para uma breve descrição, cf. Ibid., p. 32ss.

10 Cf. Ibid., p. 58.

dade, aparentemente ilimitados, com que J. Stalin eliminou adversários ou supostos adversários (20 milhões?)[11]. Os sonhos de justiça e igualdade dos Revolucionários de Outubro (1917) converteram-se no brutal pesadelo da era stalinista.

Massacres, torturas, brutalidade, genocídios sistemáticos e incrível selvageria acompanharam estas guerras, realidades estas que não podem mais ser ocultadas, mostrando-nos até que ponto de crueldade e de bestialidade pode chegar o ser humano. Realmente, podemos concordar: "foi o século mais assassino de que temos registro"[12]. E isso depois de séculos de civilização moderna, do suposto reinado da razão e da exaltação do valor do ser humano.

Acresce ainda a barbárie do terrorismo e do poder que o crime organizado chegou a atingir, especialmente nas três últimas décadas do século XX, um poderio global, acompanhado inseparavelmente de corrupção em escala astronômica.

Depois do *boom* econômico das décadas de 1950 e de 1960, o fantasma da recessão e do desemprego voltou a inquietar seriamente o mundo rico desenvolvido. Os efeitos da exclusão criada pela fase recente do capitalismo, pela globalização alicerçada nas redes de informatização, fazem-se sentir também em parcela considerável da população do chamado Primeiro Mundo.

O abismo que separa as partes ricas das partes pobres do mundo continua crescendo, com toda a carga explosiva de ressentimentos e de tensões internacionais que leva consigo. O fundamentalismo islâmico é uma expressão dessa tensão: a recusa da civilização ocidental e a procura da defesa de uma identidade que se quer distinta do Ocidente está na raiz desse movimento poderoso e assustador[13].

Nesta lista de elementos que apontam para uma regressão em termos de humanização, importa muito não esquecer os efeitos negativos sobre a nossa biosfera: a contaminação ambiental e os abu-

---

11 Cf. Ibid., p. 377.

12 Cf. Ibid., p. 22.

13 Cf. CASTELLS, M. A *era da informação* – Economia, sociedade e cultura – Vol. 2: O poder da identidade. São Paulo: Paz e Terra, 1999, p. 30-37.

sos gravíssimos perpetrados contra o meio ambiente. O fantasma da degradação ambiental ronda às nossas portas. Uma pergunta inquietante e assustadora se levanta cada vez mais com maior frequência: *Será que é possível articular uma política mundial capaz de evitar uma crise ecológica irreversível com um sistema econômico globalizado que busca o lucro de maneira ilimitada?*

1.2 A desumanização no Brasil

No Brasil, o caminhar tumultuado do século XX, foi vivido e observado com certo distanciamento, devido à sua condição periférica, à persistência de relações assimétricas no comércio internacional em conexão com estruturas de tipo semicolonial ainda existentes. Contudo, ainda que acompanhando à distância o desenrolar das guerras mundiais e das outras que assolaram o século XX, o Brasil foi afetado por suas consequências. Tanto é verdade que os vírus mortais da tortura, do banditismo, da marginalização, do desemprego e da exclusão em escala gigantesca também se têm desenvolvido no país. Os efeitos da Grande Depressão sobre o Brasil e sobre o conjunto da América Latina já têm sido bastante analisados. E, posteriormente, os vários caminhos percorridos para concretizar o desenvolvimento não têm conseguido uma integração social satisfatória e, assim, no final do século XX, o Brasil continuava a ser, nas palavras de E. Hobsbawm, "um monumento à negligência social"[14].

A desumanização passa principalmente pela exclusão social que impede milhões de habitantes de viver em condições mínimas de dignidade humana. A modernização da economia e a riqueza de algumas regiões ressaltam o atraso e a marginalização de outras. Sabemos que o desequilíbrio social constitui o mais grave problema a ser enfrentado no século XXI. Os frutos da Modernidade resultaram amargos para uma parte considerável da população brasileira.

---

14 Cf. HOBSBAWM, E. *Era dos extremos* – O breve século XX: 1914-1991. Op. cit., p. 555.

1.3 O processo de humanização

E o que nos trouxe de positivo o século XX em termos de humanização? Em primeiro lugar, deve-se reconhecer o enorme progresso material alcançado, especialmente, nos anos que vão de 1947 até 1973. Isto é, durante, aproximadamente um quarto de século ou um pouco mais, pôde-se constatar um extraordinário progresso e profundas mudanças econômicas, sociais e culturais. Um progresso alicerçado na ciência e na tecnologia. Como consequência, uma parte considerável da população mundial vive hoje em condições muito superiores às condições de vida dos seus antepassados. Basta lembrar o aumento extraordinário do tempo de vida, os progressos ocorridos na alimentação e na saúde, o aumento excepcional na escolarização. Mas foi, sobretudo no domínio das comunicações e dos transportes que aconteceu o progresso mais extraordinário. O tempo e o espaço começam, enfim, a ser dominados pelo homem.

Aumentou a consciência das injustiças sociais, a sensibilidade de muitos diante da corrupção política e econômica e a preocupação com as questões ecológicas. Aumentaram as reações contra a corrida armamentista. Cresceu a valorização da importância da participação popular nas decisões políticas, sociais e econômicas, bem como a conscientização dos direitos e deveres do cidadão etc. Em todos estes aspectos da vida humana houve, sem dúvida, progressos durante o século XX. Também no Brasil houve considerável progresso nessas dimensões básicas da humanização.

Concluindo, basta olhar rapidamente a caminhada da humanidade no século XX para constatar, mais uma vez, o quanto é ambígua a história humana. Luzes e sombras andam misturadas. E neste contexto de ambiguidade, será que a luz tem prevalecido sobre as sombras?

Fazendo uma retrospectiva, situando-me já na segunda década do século XXI, minha impressão não é otimista. Impressão esta que não fica melhorada, quando consideramos a história nas duas últimas décadas do século XX. Com efeito, o capitalismo, em sua última variante, que é a globalização fundamentada na informatização, tende a excluir, de modo sistemático, milhões de seres humanos, países, regiões e até continentes, da *bem-aventurança* representada pelo mercado-consumo. Como pode estar a serviço da humanização um sistema que procura o máximo de lucro, sendo este o valor supremo ao qual todos os outros deverão estar submetidos? O fracasso do socialismo burocrático só faz agravar a situação mundial, pois, hoje, não se percebe ainda uma saída humana e humanizadora viável para o impasse criado pelo sistema econômico globalizado.

Ora, a realidade da ambiguidade, presente tanto na vida de cada pessoa quanto na história das coletividades, não constitui o problema mais grave. Parece-me mais grave o fato de a ambiguidade estar acompanhada da tendência, no ser humano, para negar o negativo que existe nele e na história coletiva e para projetar nos outros a própria negatividade.

Mas, antes de abordar diretamente esta tendência poderosa, destruidora da verdade, considero oportuno enfatizar a importância da utilização do método hermenêutico e de conhecimentos comprovados das ciências atuais para uma comunicação significativa da mensagem cristã, comunicação a ser feita a serviço das pessoas situadas no horizonte da Modernidade/Pós-modernidade que aceitam e são influenciadas pelos resultados da ciência. É o que veremos no item 2 deste capítulo.

2 A necessidade da hermenêutica na reflexão teológica atual

Nesta obra procuro simplesmente utilizar a mediação cultural atual a serviço da reflexão teológica, da pastoral e da espiritualidade cristã. Assim fazendo, estou sendo fiel aos grandes mestres da nossa tradição cristã. Penso, por exemplo, em Santo Agostinho e como ele foi capaz de repensar a teologia cristã utilizando, de maneira crítica, sobretudo o pensamento neoplatônico. Hoje, continuamos admirando e agradecendo seu genial trabalho. Algo semelhante fez Santo Tomás no seu tempo, utilizando a mediação, sobretudo, do pensamento aristotélico, que lhe pareceu mais adequado para responder aos novos desafios do século XIII. Também admiramos e agradecemos ao grande mestre que foi Santo Tomás pela poderosa síntese teológica por ele elaborada que guiou o trabalho teológico de tantos teólogos durante séculos. Estes e outros grandes mestres do passado eclesial tinham consciência de que a utilização das mediações culturais não se identificava com a essência da mensagem cristã. Quer dizer, não sacralizavam uma determinada cultura.

Porém, no transcurso dos séculos, estas mediações culturais quase provocaram a identificação da essência da fé cristã com a visão do mundo e do ser humano tomada do pensamento clássico, visão esta utilizada pela patrística e pela teologia medieval. Ora, o mundo moderno, sobretudo devido aos descobrimentos da ciência, foi descortinando uma visão do mundo e do ser humano muito diferente e até oposta da visão clássica. Neste contexto, caberia à reflexão teológica o desenvolvimento de uma atitude humilde de escuta e de aprendizado para poder utilizar uma linguagem crítica apta para ser aceita pelos defensores da nova visão do mundo, do ser humano e da realidade toda. Infelizmente, isto não aconteceu. A teologia ficou, em grandíssima parte, prisioneira da repetição das teses do passado e fechada na sua autossuficiência, rejeitando e condenando o novo mundo científico-cultural que estava se desenvolvendo. A condenação de Galileu Galilei é apenas uma mostra lamentável dessa atitude. Iniciou-se assim o deplorável divórcio entre fé cristã e visão científica moderna do mundo e do ser humano.

Como é bem sabido, o Concílio Vaticano II procurou superar esse antagonismo infrutífero. O diálogo oficial da Igreja Católica com o mundo da Modernidade foi realizado e incentivado nos documentos conciliares. No pós-concílio, houve notáveis avanços nesse diálogo, mas também não poucas tentativas de retrocesso. A interpretação do concílio acentuadamente conservadora tem aumentado ultimamente, em contraposição à orientação do pontificado do Papa Francisco. Ou pior ainda, alguns setores da Igreja ignoram o conteúdo desse concílio e se refugiam nas afirmações de concílios anteriores, notadamente do Vaticano I e de Trento.

É fácil constatar o mal-estar no interior da Igreja atual. A declarada ou surda oposição ao Papa Francisco, nos últimos anos, provoca escândalo e confusão em muitos católicos. Hoje aparece com mais clareza, mas certamente essa divisão já está presente no imediato pós-concílio. Pois bem, em épocas de crise, como a atual, a necessidade do discernimento é mais urgente do que nunca. É certo que o discernimento é um dom do Espírito Santo que deve ser pedido insistentemente. Mas, é igualmente certo que nós devemos também procurar os meios ao nosso alcance para ir desenvolvendo esse discernimento. Dom e tarefa também aqui estão intimamente relacionados.

Sabemos que a teologia é um ministério eclesial que deveria estar sempre a serviço do discernimento das pessoas e das comunidades cristãs. Na procura desse discernimento, a teologia utiliza hoje o método hermenêutico: primeiramente, a mensagem da revelação bíblico-cristã e as afirmações da grande tradição eclesial são estudadas e interpretadas de tal maneira que fique explicitado aquilo que o autor ou autores queriam afirmar para a aceitação do leitor ou ouvinte. Sem a utilização de uma hermenêutica adequada, aquilo que o autor deseja comunicar como mensagem pode ser confundido facilmente com as mediações culturais por ele empregadas. Mas, o método hermenêutico procura também, em segundo lugar, interpretar os textos a fim de que a mensagem contida neles possa ser significativa para o leitor situado numa cultura determinada. Para isso, obviamente, é indispensável tanto o conhecimento do texto e do contexto em que surge a mensagem bíblica ou a afirmação eclesial como o conhecimento do mundo cultural ao qual é transmitida essa intenção do autor ou autores do texto.

A aplicação da hermenêutica à Sagrada Escritura tem sido bastante desenvolvida com resultados muito enriquecedores para a vida e para a renovação da Igreja. Bem menor tem sido a aplicação aos documentos conciliares e, em geral, à tradição eclesial.

Pois bem, a perplexidade dos fiéis cristãos só poderá aumentar, quando a ajuda que a hermenêutica presta para o discernimento estiver ausente na teologia, na espiritualidade e na pastoral. De fato, a aplicação de uma hermenêutica pode evitar a confusão entre a fé cristã e as mediações culturais.

A este respeito convém citar aqui as afirmações, simples e lúcidas, do Papa Francisco na Exortação Apostólica *Evangelii Gaudium* (Evangelho da alegria):

> N. 43: costumes e tradições que hoje não ajudam na transmissão do Evangelho. Isto se aplica também a normas e preceitos. N. 41: verdades de sempre apresentadas numa linguagem que permita reconhecer sua permanente novidade. A linguagem ortodoxa pode ser entendida pelos fiéis como não correspondente ao evangelho. Com santa intenção se pode falsificar a imagem de Deus e do ser humano. Se pode ser fiel à formulação, mas não à substância. N. 116: o cristianismo não dispõe de um único modelo cultural. N. 117: a diversidade cultural não ameaça a vida da Igreja. Ela não se identifica com nenhuma cultura, é transcultural. Não sacralizar a própria cultura. N. 118: a fé não está confinada à expressão de uma cultura. N. 69: necessidade de evangelizar as culturas. N. 115: a Igreja um povo com muitos rostos: encarnada nos povos, com cultura própria... A graça supõe a cultura.

A serviço do discernimento eclesial faço, a seguir, algumas breves considerações que podem ajudar a superar a confusão entre o que é essencial na fé cristã e as mediações culturais utilizadas para expressar essa fé em um determinado contexto cultural[15].

Certamente, não existe uma fé em abstrato, pois ela se expressa sempre numa cultura determinada. E o que acontece quando muda o contexto cultural? Torna-se necessária uma nova interpretação da fé a serviço da comunicação significativa da mesma fé nesse novo contexto. A fé, dom de Deus e resposta do ser humano, está unida às expressões culturais próprias de cada cultura. A fé, necessariamente, existe expressada e formulada em conceitos, linguagens, imagens e interpretações próprias das diversas culturas. Só assim, a fé pode ser

---

15 Estas reflexões estão fundamentadas em HAIGHT, R. *Dinâmica da teologia*. São Paulo: Paulinas, 2004, p. 33-67.

significativa para as pessoas que falam essa linguagem determinada e que vivem nesse concreto contexto cultural. A fé deve continuar sempre a mesma. O que deve mudar, quando muda a cultura, é a expressão cultural da fé.

Com outras palavras, as expressões culturais comunicam o conteúdo da fé numa determinada cultura. O desafio teológico e pastoral surge quando se confundem as expressões culturais com a fé, tendendo elas a ocupar o lugar da própria fé.

Mas, convém acrescentar que *expressões religiosas* são também expressões culturais da fé. As expressões culturais e religiosas são legítimas e necessárias, sempre que estejam a serviço da expressão da fé. Lembremos que o ser humano é *simbólico*. A relação com Deus é afetiva e tem necessidade de ser expressa e cultivada mediante um "tempo e um espaço simbólico"[16]. Tempo e espaço dedicados a cultivar e alimentar a relação afetiva (amorosa) com Deus.

Contudo, quando a expressão religiosa-cultural fica desvinculada da fé ou, pior ainda, quando se constitui em negação dela, deriva facilmente para a idolatria. Nessa direção apontam as críticas dos profetas no Antigo Testamento contra a deturpação do culto no Templo. E também a dura crítica evangélica contra a atitude farisaica.

Os atos religiosos, todavia, não são apenas expressões da fé. Eles contêm a fé, se de fato estão a *serviço da expressão dela*. Sabemos que o símbolo do amor é muito mais que uma mera expressão do amor. O símbolo possui uma eficácia própria. Ele contém e alimenta a relação pessoal afetiva. Assim, a expressão religiosa da fé com todo seu rico simbolismo contém a fé e a alimenta.

As expressões religiosas da fé são, pois, muito importantes e merecem todo respeito e cuidado pastoral. Isto é verdade, mas não é menos verdade que a fé não se esgota numa determinada expressão religiosa/cultural. Convém lembrar sempre que as expressões religiosas são construções humanas, limitadas e imperfeitas, condi-

---

16 Sobre a importância antropológica do "tempo e espaço simbólico", cf. GARCÍA RUBIO, A. *Unidade na pluralidade – O ser humano à luz da fé e da reflexão cristãs.* Op. cit., p. 587-550.

cionadas histórica e culturalmente. E, assim, elas não têm um valor absoluto e definitivo. Trata-se de expressões sempre provisórias da fé. Podem e devem mudar, não de maneira arbitrária, mas sempre que a mudança for exigida quando muda a cultura. O motivo fundamental da necessidade dessa mudança se encontra no dinamismo evangelizador da Igreja, pois a boa-nova evangélica deve ser anunciada a todos os povos, a todas as culturas.

Importa também ressaltar a realidade de que, na prática, a mudança de uma expressão cultural e religiosa para outra resulta frequentemente difícil. Isso porque a expressão religiosa ajuda na coesão da comunidade (função sociológica). E, além disso, uma determinada expressão religiosa/cultural pode estar quase identificada com a fé. Quando isto acontece, a mudança de uma expressão religiosa para outra pode ser entendida pelo crente e pela comunidade como negação da fé, ocasionando grave crise, pois sentirão que é abalada a fé e todo o mundo de significados religiosos...

Esta é uma realidade que deve ser levada em consideração na pedagogia pastoral, na orientação espiritual e na reflexão teológica. Seria grande ingenuidade, pensar que as expressões culturais/religiosas são mudadas por decreto. Normalmente será necessário ajudar os fiéis, respeitando a consciência deles, a ir percebendo e assumindo a eventual necessidade da mudança, não para negar a fé, mas, precisamente, ao contrário, para guardar fidelidade a ela. Para isso, é muito importante desenvolver um progressivo e pedagógico trabalho de conscientização, realizado, sobretudo em pequenos grupos ou pequenas comunidades.

Mas, voltando ao tema da necessidade do anúncio significativo da boa-nova cristã em cada cultura, podemos agora perguntar: como será possível um anúncio significativo para as pessoas que vivem e pensam no interior de uma cultura diferente daquela em que foi anteriormente expressada a fé? Não será necessário um certo desprendimento de formas de expressão cultural/religiosa próprias da cultura originária do evangelizador e uma abertura e aceitação de novas expressões culturais e religiosas da outra cultura?

O dinamismo encarnatório vivido por Jesus Cristo deveria ser sempre o modelo da toda ação evangelizadora. Sendo muito rico, Jesus Cristo tornou-se pobre, por amor, para nos enriquecer (cf. 2Cor 8,9). Sendo Ele de condição divina, esvaziou-se da glória correspondente e assumiu a condição humana de servidor (cf. Fl 2,5-11). Certamente a essência da fé, a intencionalidade profunda dela, nunca deve mudar. A fé cristã, é bom repetir, deverá ser sempre a mesma, só que expressada e vivida em diferentes contextos culturais. A revisão honesta da ação missionária da Igreja é aqui indispensável.

De fato, é bem sabido que a história da ação missionária eclesial está penetrada de forte ambiguidade, começando já no século I. Um grupo de cristãos da Igreja de Jerusalém desautorizava o trabalho missionário de Paulo e de seus companheiros, que procuravam ajudar os gentios no encontro com a salvação oferecida por Jesus Cristo. Conforme os integrantes desse grupo de Jerusalém, os gentios, para serem aceitos na Igreja, deveriam primeiramente adotar a lei mosaica e a circuncisão (cf. At 15,1ss.). Na procura de segurança, eles ficaram fechados no seu mundo cultural/religioso. A pessoa proveniente de outra cultura poderá tornar-se cristã, admitiam, mas para isso acontecer deveria vir ao encontro deles, deixando de lado ou mesmo rejeitando o seu universo cultural. Nesta atitude, certamente não existe nada de respeito ao mundo cultural dos outros. Encontramos aqui já o início de uma ação missionária dominadora da cultura do outro, que vai estar presente durante a história da Igreja até os nossos dias.

O chamado Concílio de Jerusalém, o primeiro da história da Igreja, foi realizado para resolver a polêmica entre o grupo liderado por Paulo e o grupo de Jerusalém (cf. At 15,6ss.). Este último, fechado na defesa da sua identidade religiosa/cultural, foi desautorizado pelo concílio.

Contudo, essa ambivalência na ação missionária está presente em toda a caminhada da Igreja até hoje. Na história da evangelização do Brasil e da América Latina, o contraste entre uma ação evangelizadora que respeita a cultura do índio, do negro e do povo marginalizado pelas elites (evangelização inculturada) e uma evangelização "colonizadora" (aliada dos poderes coloniais) tem sido especialmente gritante. É verdade que sempre houve missionários que defenderam os índios e, em menor escala, os descendentes africanos. Mas, o que parece ter predominado tem sido uma ação evangelizadora que procurava que uns e outros rejeitassem seu universo cultural/religioso de origem, "trazendo-os" para o mundo cultural do branco, para uma cultura supostamente superior. O batismo e a pertença à Igreja estavam vinculados a essa ação colonizadora.

As controvérsias recentes a respeito do Sínodo para a Amazônia, realizado em Roma (outubro de 2019), revelam, mais uma vez, a existência dessas duas propostas de evangelização. Como no Concílio de Jerusalém, no século I, é desautorizada, no documento final do sínodo (2019), a tendência que rejeita a cultura do outro povo na ação evangelizadora[17].

Espero que, com estas breves indicações sobre a necessidade, em teologia e na pastoral, de uma adequada hermenêutica, tenha ficado claro por que nesta obra utilizo elementos tomados das ciências humanas, aqui especialmente da Psicologia Profunda e da Psicanálise. Estas mediações parecem-me necessárias, hoje, para que a mensagem bíblico-cristã sobre Deus e sobre o ser humano possa ter um sentido real para as pessoas situadas no horizonte cultural atual, tão penetrado de elementos tomados dessas ciências.

Espero, igualmente, que a utilização destas mediações não seja entendida como "psicologização" da teologia ou da espiritualidade. Tenho consciência de que esse perigo é real. Está sempre presente a tentação de se colocar a riqueza da mensagem cristã a serviço da

---

17 No Documento Final do Sínodo Pan-Amazônico se *afirma, em linguagem atual: "rejeitamos uma evangelização de tipo colonialista" (n. 55) e se "a necessidade de uma Igreja e de uma evangelização inculturadas" (Assembleia especial do Sínodo dos Bispos para a Região Pan-Amazônica – Novos caminhos para a Igreja e para uma ecologia integral [Disponível em http://www.sinodoamazonico.va/content/ sinodoamazonico/pt/documentos/documento-final-do-sinodo-para-a-amazonia. html – Acesso em 07/12/2019].*

ciência ou da filosofia, diluindo a originalidade da identidade cristã. É uma tentação vivida já pela Igreja na época patrística. Lembremos, por exemplo, nessa época, das controvérsias trinitárias: conforme as diversas tendências subordinacionistas (o Filho e o Espírito Santo seriam seres divinos de segunda categoria, subordinados ao Pai, o Único Princípio), o dado revelado deveria entrar no esquema prévio filosófico sobre a unicidade do Único Princípio divino. A Igreja rejeitou esse caminho e, na defesa da fé na Trindade, procurou utilizar o pensamento filosófico a serviço da explicitação da fé cristã em um Deus único que é Trindade, com uma unicidade muito original.

Naquela época, como hoje, deve ter ficado claro o quanto é necessário o *discernimento*. E como acenamos acima, a reflexão teológica, um ministério eclesial, unida à aplicação de uma hermenêutica adequada, está precisamente a serviço desse discernimento.

Depois destas breves indicações prévias, vamos verificar a seguir em que sentido a Psicologia Profunda pode nos ajudar a compreender e a assumir melhor a realidade da nossa ambiguidade radical, pessoal e coletiva.

3 Em que consiste a sombra?

Tendo como supostos a realidade do inconsciente e seu influxo na vida humana – importante descobrimento de Sigmund Freud –, focalizarei aqui a categoria junguiana da *sombra* que parece adequada para ajudar no objetivo desta reflexão.

O termo *sombra* apresenta uma grande variedade de significados, nas obras de Carl Gustav Jung. Certamente, foge ao objetivo do presente capítulo apresentar essas distintas significações[18]. Eu me contentarei em assinalar o significado da *sombra* vista como o lado escuro existente em todo ser humano e em todas as coletividades. Utilizo aqui as afirmações de psicólogos e psiquiatras de orientação junguiana.

---

18 Para uma breve introdução sobre os significados da sombra em G. Jung, cf., entre outros: PIERI, P.F. "Sombra". In: *Dicionário Junguiano*. São Paulo/Petrópolis: Paulus/Vozes, 2002, p. 474-478.

Por *sombra* se entende "tudo o que é não vivido, e é enterrado, esquecido, comprimido, reprimido". "É o 'outro' lado de si mesmo"[19]. A *sombra* "representa as características que a personalidade consciente se recusa a admitir e, portanto, negligencia, esquece e enterra [...] até redescobri-las em confrontos desagradáveis com os outros"[20]. A *sombra* faz parte daquela região que se encontra "mais próxima da consciência"[21] e vem a ser equivalente ao eu reprimido, a tudo quanto na personalidade é reprimido.

> Por ser contrária à atitude consciente que escolhemos, não permitimos que a sombra encontre expressão na nossa vida; assim ela se organiza em uma personalidade relativamente autônoma no inconsciente, onde fica protegida e oculta. Esse processo compensa a identificação unilateral que fazemos com aquilo que é aceitável à nossa mente consciente[22].

Ou, ainda, conforme a explicação de outro psiquiatra: "A sombra consiste em complexos e qualidades pessoais baseados em impulsos e padrões de comportamento que são uma inquestionável parte 'escura' da estrutura da personalidade"[23].

3.1 Será que a sombra é sempre negativa?

Na perspectiva junguiana, a sombra designa, sobretudo, o negativo e imperfeito que existe em nossa personalidade e que se encontra escondido, reprimido. Mas no conteúdo da sombra existem também potencialidades, aspectos positivos ou até dons e talentos não desenvolvidos ou negligenciados que foram também reprimi-

---

19 WOLF, H. *Jesus na perspectiva da psicologia profunda*. São Paulo: Paulinas, 1994, p. 205.

20 ZWEIG, C. & ABRAMS, J. "O lado da sombra na vida cotidiana". In: ZWEIG, C. & ABRAMS, J. (org.). *Ao encontro da sombra*. São Paulo: Cultrix, 1998, p. 17. Esta obra coletiva reúne 65 pequenos trabalhos que apresentam um valor muito desigual. Alguns não vão além do estilo panfletário na hora de criticar o cristianismo ou a Igreja Católica.

21 Ibid., p. 28.

22 Ibid.

23 WHITMONT, E.C. "A evolução da sombra". In: Ibid., p. 38.

dos. Convém lembrar que a pessoa pode reprimir também aspectos valiosos da sua vida, porque desvalorizados na família ou na sociedade. É o caso, por exemplo, da criança que vai abafando seus sentimentos de solidariedade, porque, na família e na sociedade, o que é aceito e valorizado é a luta, a competição para superar os outros, e não as atitudes solidárias que são, por sua vez, desvalorizadas e consideradas sinais de "fraqueza". Assim, convém ressaltar que a sombra não é pura negatividade, porque no nosso lado escuro estão relegados não só sentimentos negativos, traços neuróticos e apegos inconfessados, mas também potencialidades, bem como aspectos criativos junto com muita energia reprimida. De fato, há na sombra muita energia que, quando percebida e disciplinada, pode tornar-se fonte de vitalidade e de criatividade[24].

3.2 É mentirosa a sombra?

Não, pois a mentira do ser humano não se encontra na sombra, mas no nível consciente da personalidade. É aí, no consciente, que surge a inegável intenção de apresentar para o mundo uma personalidade boa e harmoniosa. Tanto é verdade que a pessoa espera, ansiosamente, que ninguém perceba o seu lado negativo![25] Quem já não passou por este tipo de experiência que coloca o ser humano a um passo do fingimento e da mentira? Não é a sombra a que mente, mas o ego consciente.

Para uma integração da personalidade e, certamente, para o processo de conversão é necessário que a pessoa aprenda a caminhar no chão da realidade e não nas nuvens da fantasia a respeito da própria grandeza ou perfeição. Na afirmação de J.A. Sanford, "parar de mentir para nós mesmos a respeito de nós mesmos, essa é a maior proteção que podemos ter contra o mal"[26].

---

24 Cf. Ibid., p. 39.

25 Cf. STEVENS, A. "A sombra na história da literatura". In: Ibid., p. 50-52; aqui, p. 50.

26 MÜLLER, P.D, "O que a sombra sabe – Uma entrevista com John A. Sanford". In: Ibid., p. 47.

A mentira não está propriamente na sombra, mas no nosso modo de lidar com ela. Uma interessante aplicação desta realidade da mentira com que podemos encarar a nossa sombra é dada pelo psiquiatra e analista de orientação junguiana A. Guggenbühl-Craig. Ele analisa o tema da sombra e da mentira a ela relacionado em médicos, analistas e padres/pastores. Aqui nos interessa sobretudo o que afirma em relação ao padre e ao pastor. Vejamos: o que se espera do padre ou do pastor, pergunta o autor. A resposta será mais ou menos esta: que ele

> tenha certo relacionamento com o Senhor, por mais intermitente que seja [...], que ele, pelo menos, represente honestamente Deus e sua vontade, seja em virtude de um genuíno contato com a divindade ou com base no seu conhecimento especial das Sagradas Escrituras e da sabedoria sagrada tradicional[27].

E o que espera a comunidade do padre ou do pastor? Certamente, uma palavra firme e segura a respeito do caminho da salvação; caminho do qual ele deve dar testemunho em seu agir, em seu comportamento e atitudes. Ora, é sabido que o padre/pastor é frequentemente visto, por muitos fiéis, como uma pessoa quase perfeita. Pois bem, para corresponder a essa expectativa, o padre ou o pastor – que também têm dúvidas, como acontece com toda pessoa que caminha no claro-escuro da fé, que são tentados e se encontram inclinados ao mal, que caem no pecado e experimentam a fraqueza e a solidão – podem facilmente se apresentar, aos outros em sua própria apreciação, com uma santidade e uma perfeição que não possuem, quer dizer, podem ser levados a ignorar seu lado de sombra e a viver na hipocrisia. Tomam-se, assim, falsos profetas. Esta seria a sombra que acompanha o padre/pastor[28]. Negá-la é cair sob o seu poder. O padre e o pastor são chamados a enfrentar a sua sombra, estando atentos para não se encaminharem para a inautenticidade e a hipocrisia em sua atividade pastoral, quer dizer, para não viverem na mentira.

---

27 GUGGENBÜHL-CRAIG, A. "Charlatães, impostores e falsos profetas". In: Ibid., p. 132-138.

28 Cf. Ibid. p. 133.

3.3 A sombra reconhecida e não negada (repressão)

A sombra é uma realidade de cada ser humano. Assim sendo, nada pior do que tentar eliminá-la ou achar que já está superada. O psiquiatra E.C. Whitmont, recordando que, conforme Jung, não existe complexo que seja patológico *per se*, afirma: "Ele só se toma patológico quando supomos que não o temos; pois então é ele que nos tem"[29]. A sombra deveria ser confrontada, não negada, repetem os analistas junguianos, pois, quando reconhecida e confrontada, pode vir a expressar-se de maneira construtiva ou, ao menos, de maneira menos negativa. Quando negada, porém, ela tenderá a expressar-se de maneira destrutiva. E, aqui, convém assinalar o fato constatado de que, aumentando a sombra, diminui a energia da pessoa, porque aquilo que é deixado para trás, na sombra, tende a camuflar-se ainda mais e a voltar-se contra o próprio sujeito[30].

E, não sendo a sombra reconhecida nem confrontada, a negatividade e a destrutividade da sua expressão tenderão a ser atribuídas aos outros, no plano individual e coletivo. Aparece, assim, a realidade conhecida como *projeção*.

3.4 A realidade da projeção

A repressão abre a porta à projeção: os outros é que são os "maus", os inconvenientes, os errados, os que devem ser excomungados, os condenados etc. A repressão da sombra provoca o desenvolvimento da sua energia de maneira destrutiva e projetada nas outras pessoas, nos outros grupos e coletividades. "Nossas projeções transformam o mundo a nossa volta num ambiente que nos mostra a nossa própria face, mesmo que não a reconheçamos como nossa"[31]. De fato, o encontro com a sombra não é nada agradável, pois desmascara a imagem que a pessoa faz de si mesma.

---

29 WHITMONT, E.C. "A evolução da sombra". Op. cit., p. 42.

30 Cf. BLY, R. "A comprida sacola atrás de nós". In: Ibid., p. 30-36.

31 WHITMONT, E.C. "A evolução da sombra". Op. cit., p. 40.

Como se realiza o fenômeno da projeção, tanto no nível da pessoa quanto no nível das coletividades?

Uma primeira aproximação: as "qualidades" que detesto nos outros costumam ser, precisamente, os defeitos ou a maldade que estão em mim. "Só achamos impossível aceitar nos outros aquilo que não conseguimos aceitar em nós mesmos"[32]. E, assim, a projeção da sombra pode ser percebida, frequentemente, quando me deparo com comportamentos, ações ou traços da personalidade de outros que julgo muito desagradáveis. Por exemplo, quando fico irritadíssimo diante da atitude hipócrita de alguém é bem possível que esteja me deparando com minha sombra (a dimensão de hipocrisia presente em mim). A reação irritadíssima e a forma extremamente dura e exaltada de qualificar os defeitos ou falhas da outra pessoa constituem indicações bastante claras de que estou projetando em outros a minha sombra. Algo similar ocorre nas projeções coletivas.

Em uma comunidade, os *outros* são os que atrapalham os que perturbam a paz, os irresponsáveis, os invejosos, os responsáveis pelos meus sofrimentos, e assim por diante. Percebo nos outros o negativo e o mal que não reconheço em mim mesmo. E não percebo que estou projetando nesses outros a minha sombra. São eles que devem me compreender, ajudar, valorizar e reconhecer meus grandes valores e qualidades.

Consequência desta atitude é a crescente solidão da pessoa que permanece fechada nesse mundo de projeções e de ilusões que lhe impedem o encontro real com as pessoas reais e com o mundo real. Convém frisar bem o sentido dessa solidão: como o mal é colocado nos outros, como eles(as) são os culpados e eu a vítima permanente, "devido às nossas projeções, vemos esse impasse como ódio do ambiente por nós; com isso, criamos um círculo vicioso que se prolonga *ad infinitum, ad nauseam*"[33].

E, como consequência desastrosa destas projeções, a pessoa pode suscitar nos outros a antipatia, o ódio ou a raiva contra ela,

---

32 Ibid., p. 37.

33 Ibid., p. 40.

expressos agora no mundo real e não mais no imaginário. Algo semelhante faz uma coletividade: ao invés de reconhecer a própria sombra, algo difícil e doloroso, faz uma projeção sobre outras coletividades, culpando sempre os outros, que, por sua vez, reagem, igualmente, com suas projeções. Assim, os preconceitos, ódios e incompreensões só crescem, formando um círculo vicioso infernal.

3.5 Como podemos perceber em nós a realidade da nossa sombra?

Então, como vemos a nossa sombra? Uma vez que constitui o nosso lado oculto, depreende-se que a sombra não poderá ser enxergada diretamente.

Existem, contudo, indicações que podem nos ajudar a perceber como é a nossa sombra. De maneira concreta, W.A. Miller aponta as seguintes pistas:

• Primeiramente, ressalta este autor, é necessário reunir a coragem necessária para pedir aos outros, sobretudo às pessoas mais próximas e que melhor nos conhecem, que nos digam sinceramente como nos veem.

• Uma segunda pista consiste no exame das nossas projeções. Já vimos acima em que consiste a projeção e como vemos nos outros defeitos ou deficiências existentes em nosso interior, mas que não percebemos em nós. Vejamos, a título de exemplo: "Se listei a arrogância como um dos traços que simplesmente não posso suportar nos outros e se critico com veemência uma pessoa pela sua arrogância no trato com os outros, eu faria bem em examinar o meu próprio comportamento para ver se eu não estarei praticando a arrogância"[34].

• A terceira indicação consiste no exame dos nossos lapsos verbais que frequentemente nos envergonham dos lapsos de comportamentos inusitados e fora de propósito, bem como comportamentos equivocados, uma vez que são vistos pelos outros

---

34 MILLER, W.A. "O encontro da sombra na vida cotidiana". In: Ibid., p. 62.

de maneira completamente diferente do que pretendíamos expressar com eles.

• Convém também prestar muita atenção às manifestações do nosso senso de humor e das nossas identificações (com artistas, jogadores de qualquer esporte, figuras políticas etc.).

• E, finalmente, a nossa sombra também pode ser percebida pela análise do conteúdo dos nossos sonhos, dos nossos devaneios e das nossas fantasias, frequentemente muito distintas dos valores professados e das atitudes assumidas no nível da nossa consciência[35].

Neste contexto, parece-me conveniente chamar a atenção sobre as considerações feitas por J.R. O'Neill a respeito da *arrogância* como obstáculo fundamental para o sucesso empresarial. Suas observações podem ser aplicadas aos que têm alguma função de direção nas comunidades eclesiais[36]. Para este psicanalista, a arrogância impede o encontro com a sombra, impede que se continue aprendendo – e quanta coisa podemos aprender com a sombra! Eis os sinais de que a arrogância está tomando conta da nossa vida:

• Acreditar que temos dotes ou talentos totalmente especiais para avaliar os outros e evitar erros na avaliação.

• Desqualificar a pessoa que nos critica ou apresenta informações contrárias às que nós temos, o que nos faz ficar cada vez mais isolados e rodeados apenas daqueles fiéis que sempre nos dão a razão. E é claro que os eternos "puxa-sacos", existentes em todos os grupos humanos, bem que se aproveitam desta crença arrogante do chefe, do superior, do mestre etc.

• Necessidade exagerada de ser reconhecido como aquele que tem autoridade. "A necessidade de que nossa importância seja constantemente reconhecida pelos outros é sinal de insegurança reprimida"[37] em vez de indicar o poder tão ciosamente apregoado.

---

35 Cf. Ibid., p. 60-66.

36 Cf. O'NEILL, R., "O lado escuro do sucesso". In: Ibid., p. 130-132.

37 Ibid., p. 131.

• Crença na superioridade da nossa moral em relação aos que não pensam como nós, aos que não concordam com as nossas orientações ou que têm opções teológicas e espirituais distintas das nossas. Quanta arrogância pode ocultar-se no espírito inquisitorial que condena, sem misericórdia e sem piedade, em nome da verdade e da santidade de Deus![38]

• A pessoa arrogante acredita que está no comando da sua vida e da vida dos outros. Não percebe que "quem está no controle é, na verdade, a sombra"[39].

3.6 A necessária disciplina para enfrentar a própria sombra

Para reconhecer e enfrentar a realidade da nossa sombra é indispensável a vivência de certa disciplina. Ora, num tempo em que a procura do prazer e da satisfação imediatos é apresentada como o ideal da realização da felicidade possível, até a palavra disciplina levanta a suspeita da repressão.

Convém ouvir o que afirma o psiquiatra E.C. Whitmont a respeito do assunto: "Precisamos aprender a nos disciplinar. E a disciplina está na capacidade de, quando necessário, agir de modo contrário aos nossos sentimentos. Essa é uma prerrogativa – bem como uma necessidade – eminentemente humana"[40]. A disciplina é necessária para enfrentar a sombra, se queremos agir com responsabilidade. A tentação da repressão surge aqui facilmente, pois, como o enfrentamento e a resistência a impulsos emocionais destrutivos parece difícil e doloroso, é melhor, então, convencer-nos de que eles não estão em nós.

3.7 Aceitação da sombra; aspectos enriquecedores

O problema básico da relação com a sombra, e com o inconsciente em geral, é que não aceitamos sua existência. E lidamos erradamente com ela.

---

38 Cf. Ibid.

39 Ibid.

40 WHITMONT, E.C. "A evolução da sombra". Op. cit., p. 41.

Uma vez que na sombra, como assinalamos acima, não existem apenas aspectos negativos, um correto relacionamento com ela pode servir para descobrir as nossas potencialidades que se encontram ocultas. Talvez seja interessante para o leitor transcrever aqui o elenco apresentado por C. Zweig e J. Abrams dos aspectos enriquecedores que o encontro criativo com a sombra pode levar consigo. Estes aspectos são:

• Chegar a uma aceitação mais genuína, baseada num conhecimento mais completo de quem realmente somos.

• Desativar as emoções negativas que irrompem inesperadamente na nossa vida cotidiana.

• Sentirmo-nos mais livres de culpa e de vergonha associadas aos nossos sentimentos e atos negativos.

• Reconhecer as projeções que matizam as opiniões que formamos sobre os outros.

• Curar nossos relacionamentos através de um autoexame mais honesto e de uma comunicação mais direta.

• Usar a nossa imaginação (através de sonhos, desenhos, escritos e rituais) para aceitar o nosso eu reprimido[41].

3.8 A sombra coletiva

Da exposição feita até o momento, é fácil concluir que a sombra não é apenas algo pessoal, individual. A sombra também está presente nas comunidades, nas coletividades e nas nações, naturalmente projetada em outras comunidades, coletividades ou nações[42]. Quer dizer, há também uma sombra coletiva. No século XX esta sombra manifestou-se de maneira terrivelmente assustadora. A enumeração sumária feita acima, no item I deste capítulo a respei-

---

41 ZWEIG, C. & ABRAMS, J. "O lado da sombra na vida cotidiana". Op. cit., p. 24. Não será demais lembrar aqui que esses autores, em conformidade com a especialidade deles, tratam do sentimento de culpa entendido psicologicamente. A culpa, em sentido teológico, tem um significado muito diferente. A esse respeito, cf. o cap. 5 desta obra.

42 Cf. Cf. BLY, R. "A comprida sacola atrás de nós". Op. cit., p. 35-36.

to de alguns aspectos mais desumanos desse século, constitui uma revelação da sombra coletiva. Ora, da mesma forma que acontece com o indivíduo que reprime a própria sombra e a projeta nos outros, nos agrupamentos humanos se dá também essa repressão acompanhada da tendência a projetar o negativo em outros grupos ou coletividades. Trata-se da velha política humana de procurar um "bode expiatório" coletivo: aquela "outra" coletividade é o "mal", o "inimigo" que deve ser destruído sem misericórdia para que o bem (que, naturalmente, está do nosso lado) triunfe!

3.9 A sombra coletiva nas novas formas de religiosidade

Certamente, a tentação de ocultar a sombra coletiva não é algo privativo de comunidades cristãs. Convém apontar outros exemplos.

Em conexão com uma antropologia otimista que procura desconhecer o mal que está dentro e fora de nós, a Nova Era e correntes afins tampouco se preocupam com a sombra pessoal e coletiva. A disciplina interior, a dura luta para enfrentar as distorções emocionais, a experiência do pecado, a humildade no reconhecimento da miséria psicológica e moral que está em cada ser humano, tudo isto tende a ser deixado de lado na orientação predominante da Nova Era.

De maneira um tanto caricaturesca, J. Babbs descreve as reuniões de adeptos da Nova Era:

> Acho que já fui a mais de cem dessas maravilhosas reuniões. Pessoas lindas. Suaves. Gentis. Espirituais. Visionárias. Fascinantes. Mas, por baixo de toda essa beleza espreita uma escuridão mal e mal velada por beatíficos chavões de doçura. Dei a essa besta o nome de Fundamentalismo Nova Era: a crença de que eu estou certo, enquanto todo o mundo está errado, é estúpido ou mau; a crença de que eu represento a energia da luz e da bondade, enquanto todo o mundo é enganado pela energia do mal[43].

Este escritor acrescenta que esta crença não é apresentada de maneira clara; antes, como acontece com outras afirmações da Nova

---

43 BABBS, J. "Fundamentalismo Nova Era". In: Ibid., p. 182.

Era, encontra-se escondida "por trás da cortina de fumaça do 'amamos a todos' e 'somos Um'"[44]. De fato, uma comunidade que se vê rodeada por uma auréola de luminosidade e de bondade muito dificilmente vai aceitar a existência da sua sombra. Mas, como esta existe em todas as pessoas e em todas as coletividades, quando negada, tende a ser projetada nos outros – indivíduos ou coletividades – que servem de bodes expiatórios[45].

E que dizer da mística oriental, tão valorizada nas novas formas de religiosidade? À primeira vista, pode parecer difícil perceber a existência da sombra nas comunidades de orientação mística oriental. E, no entanto, ela está presente ali, e de maneira acentuada. É o que afirma a escritora Katy Butler, budista, apresentando-nos um duro relato sobre numerosos escândalos de vários tipos, envolvendo muitos mestres e discípulos budistas nos Estados Unidos[46].

3.10 A sombra coletiva desmascarada por Jesus de Nazaré

Vejamos, a seguir, conforme a exposição da psicoterapeuta H. Wolf, como Jesus de Nazaré se relaciona com a sombra coletiva, densa sombra existente no ambiente religioso do seu tempo.

A sombra coletiva no tempo de Jesus está bem representada pela *atitude farisaica*. Nada melhor do que a Parábola do Fariseu e do Publicano para exemplificá-la (cf. Lc 18,9-14). Cumpridor da Lei, o fariseu considera-se "puro", luminoso. Não enxerga pecado em si mesmo. Ele é distinto dos outros, dos pecadores. Não vê a própria sombra. Ela está reprimida e sabemos que, quando reprimida e negada, a sombra é projetada nos outros. No caso da parábola citada, a projeção é feita nos pecadores e, especialmente, no publicano (cf. v. 11)[47]

H. Wolf vai mostrando, então, como Jesus traz à luz a sombra coletiva e, ao mesmo tempo, faz o apelo constante para que seja

---

44 Ibid.

45 W. Brugh Joy narra uma experiência desse tipo vivida por ele numa comunidade da Nova Era. Cf. "Um herege numa comunidade Nova Era". In: Ibid., p. 172-175.

46 Cf. BUTLER, K. "O encontro da sombra na América budista". In: Ibid., p. 159-170.

47 Cf. WOLF, H. *Jesus na perspectiva da psicologia profunda*. Op. cit., p. 206.

abandonada a projeção sobre os outros e para que a própria responsabilidade seja assumida, a fim de que se viva, assim, a conversão. A autora sintetiza a denúncia e o apelo de Jesus nos seguintes itens:

a) Denúncia da hipocrisia: Mt 23,1-36. Texto extremamente duro que apresenta um retrato corajoso e muito negativo da superficialidade e da exteriorização hipócrita de escribas e fariseus.

b) Denúncia da falta de misericórdia em relação aos mais fracos e marginalizados, como é o caso da mulher (cf. Mt 19,3-4), da criança (cf. Mc 10,13-16; Mt 18,1-6), dos pais idosos (cf. Mc 7,6-13), dos pecadores públicos (cf. Lc 7,36-50; Jo 8,1-11), dos doentes (cf. Mt 9,9-14), dos discípulos não versados na lei (Lc 10,10-17).

c) Denúncia do formalismo religioso (cf. Mt 12,1-8): valorização da lei pela lei, da letra da lei, sem preocupação com o espírito ou sentido profundo da mesma.

d) Em conexão com o formalismo, Jesus denuncia o agir legalista: a pessoa religiosa cumpre as ordens e os preceitos religiosos como se se tratasse de uma lei ou mandamento exterior que uma vez cumprido dá direito a um determinado pagamento. Na religião, seria uma espécie de contrato bilateral *do ut des*, ou seja, o ser humano faz sua parte e Deus, em troca, faz a parte dele. A salvação é, nesta visão, questão de retribuição, é conquista humana, não um dom do amor de Deus. Aparece, aqui, o grave problema da justificação pelas próprias obras que tanto preocupou ao apóstolo Paulo. O filho mais velho, na Parábola do Filho Pródigo, representa bem esta atitude legalista (cf. Lc 15,25-32)[48].

Quando se trata da sombra coletiva, que responsabilidade cabe ao indivíduo? É verdade que a sombra coletiva pesa duramente sobre os indivíduos; entretanto estes ainda possuem um "resquício de responsabilidade" a partir do qual "se decidem a favor ou contra Jesus"[49]. De fato, alguns se decidem a favor: homens e mulheres "pequenos", pecadores desprezados, pobres deixados de lado etc. se

---

48 Cf. Ibid. p. 208-218.

49 Ibid. p. 219.

abrem ao apelo de Jesus, reconhecem a própria sombra (linguagem de H. Wolf) e acolhem o dom do Reino de Deus.

E há aqueles que não reconhecem a própria sombra. Alguns, por fraqueza, como o jovem rico de que nos fala Mt 19,16-22, e outros, fechados na própria mentira projetam "diretamente sobre Jesus seu próprio demônio interno"[50] (cf. Mt 12,22-32; Jo 7,20; 8,48; 8,52...). Como visto acima, negar a sombra faz com que ela fique mais camuflada e se projete cada vez com mais fúria sobre os outros. Neste caso, contra Jesus, que procura desmascarar a mentira em que estão atolados. A conclusão é conhecida: "em nome do 'Altíssimo', recusam-se a atender ao apelo de Jesus e ele é condenado. Um coletivo especificamente religioso vira um coletivo criminoso. Em nome do Absoluto, falha-se absolutamente. Endemoninha-se a situação de sombra coletiva"[51].

4 A gravidade da mentira, conforme o Novo Testamento

O que a fé cristã tem a ver com a realidade da sombra descrita pela psicanálise de orientação junguiana? Com esta pergunta, entro no âmbito da reflexão propriamente teológica.

Para responder à indagação proposta, examinarei o significado da mentira em textos escolhidos nos escritos do Novo Testamento. De acordo com a análise feita, verifiquei que o problema da sombra não está fundamentalmente no fato inegável da sua existência, mas na maneira de nos relacionarmos com ela, de maneira autêntica ou de maneira falsificada. Ressaltei que o problema mais radical aparece quando desenvolvo a autoilusão de que ela não existe em mim ou na minha coletividade; quer dizer, no fundo, a questão surge quando me deparo com a realidade da mentira instalada em mim mesmo. No âmbito da fé e da vida cristã, importa perguntar, então: o que afirma a fé neotestamentária sobre a mentira humana?

---

50 Ibid., p. 221.

51 Ibid., p. 224.

Ora, para avaliar corretamente o que está em jogo com relação à mentira, é necessário, antes, recordar o que significa a verdade no mundo bíblico.

4.1 A verdade que salva

O termo *'emet*, em hebraico, tem sido traduzido por *verdade*, só que seu significado, na linguagem do Antigo Testamento, é distinto do sentido que o mundo helenista atribui a essa palavra. A raiz *'um* aponta para o significado de "ser firme, seguro, leal"[52]. O termo *'emet* está aparentado com o termo *'emunah*, derivado que é da mesma raiz, e que significa fé. Esta relação entre os dois vocábulos indica-nos que nos encontramos em um campo de significações distinto do mundo cultural grego. Neste, a verdade (*a-letheia*) é entendida como um desvelamento da realidade do ser, desvelamento realizado pelo conhecimento. No universo linguístico bíblico, verdade vem a significar *ser e estar firme, confiável, sólido, seguro*.

A verdade, na visão veterotestamentária, não é propriamente ontológica, mas dinâmico-relacional, porque seu significado está em conexão com a história. A verdade deve ser *realizada* mediante um agir fundamentado na confiança. A verdade, entendida biblicamente como *fidelidade*, oferece segurança e estabilidade à existência. Nesta perspectiva, a verdade é inseparável da veracidade e viver na verdade é viver em Deus. Isto implica a vivência da autenticidade e da sinceridade em todas as relações, certamente na relação com Deus e com os outros seres humanos, mas igualmente na relação consigo mesmo.

A mesma perspectiva dinâmico-relacional e histórica da verdade é encontrada no Novo Testamento. O uso do termo *aletheia* reveste-se de grande importância teológica nos escritos joaninos e, em escala menor, em Paulo, que o utiliza especialmente em Romanos e 2Coríntios. Vejamos, de maneira muito sintética.

---

52 WILDBERGER, H. *"Um*, firme, seguro". In: JENNI, E. & WESTERMANN, C. *Diccionario Teológico* – Manual del Antiguo Testamento. Tomo J. Madri: Cristiandad, p. 276-319; aqui p. 276.

Embora Paulo, em alguns textos, utilize a palavra verdade no seu sentido grego (cf. Rm 2,2; 9; 2Cor 12,6...), predomina neles o uso veterotestamentário, de maneira que *aletheia*, em Paulo, equivale a fidelidade (cf. Rm 3,3-7; 15,8; 1Cor 13,6; Gl 5,7...). A novidade encontra-se na concentração cristológica que o tema da verdade recebe já na reflexão teológica paulina. Com efeito, a verdade de Deus está vinculada à verdade de Cristo (cf. 2Cor 11,10), à "verdade do evangelho" (cf. Gl 2,5.14...), à "palavra da verdade" (2Cor 6,7); até o ponto de que todo o evangelho se resume na verdade (cf. 2Cor 13,8; Gl 5,7). E até mesmo a afirmação de que a verdade, que é Deus, manifesta-se na criação (cf. Rm 1,18ss.), está em conexão com a revelação da justiça divina mediante o evangelho de Jesus Cristo (cf. Rm 1,16-17)[53].

Esta concentração cristológica é levada ao seu ponto culminante na teologia joanina. Fidelidade e segurança (significado do Antigo Testamento) e desvelamento de uma realidade oculta (sentido grego) são articulados por João numa poderosa síntese teológica. A síntese da verdade, incluindo as duas significações, realiza-se em Jesus Cristo.

Assim, já no Prólogo, Jo 1,17-18, a verdade, entendida como "descobrimento da realidade divina mediante um acontecimento histórico"[54], é Jesus Cristo, o revelador de Deus. A verdade é Jesus Cristo (cf. Jo 14,6). Todavia, esta verdade, que é Jesus Cristo e que ele anuncia, vem de Deus (cf. Jo 8,40). Jesus Cristo é a revelação da verdade, da realidade divina (cf. Jo 18,37). No acontecimento histórico que é Jesus de Nazaré, encontramos a verdade divina. Verdade entendida de maneira pessoal, não como se se tratasse de um objeto pesquisado pela ciência (verdade científica). E, uma vez que ele é a verdade, o Logos ou Filho feito *sarx* (cf. Jo 1,14), é ele quem manifes-

---

53 Cf. LINK, H.G. "Verdad". In: COENEN, L.; BEYREUTHER, E. & BIETENHARD, H. (eds.). *Diccionario Teológico del Nuevo Testamento*. Vol. IV. Salamanca: Sígueme, 1984, p. 332-344; aqui p. 337-338. • SCHELKLE, K.H. *Teologia do Novo Testamento* – Vol. 4: Ethos (comportamento moral do homem). São Paulo: Loyola, 1978, p. 277-284; aqui p. 280-283.

54 LINK, H.G. "Verdad". Op. cit., p. 339.

ta o Pai mediante sua palavra, mediante suas ações e, especialmente, mediante a entrega da própria vida (cf. Jo 8,40; 16,7; 17,17-19...)[55].

Finalmente, notemos também que a verdade que é Jesus Cristo vem atualizada e comunicada mediante o Espírito de verdade (cf. Jo 4,23-24; 14,17-18; 15,26; 16,13...). O Espírito é dado para a compreensão e vivência da verdade revelada e manifestada no Filho feito *sarx*. É o Espírito que "chama a realizar a verdade no seguimento de Jesus"[56]. Fazer a verdade, então, não é simplesmente obedecer a *Torá*. Trata-se agora, no âmbito cristão, de realizar a vontade do Deus-Ágape, o que significa na perspectiva joanina, crer na revelação de Jesus Cristo e praticar o significado desta fé.

4.2 A mentira como alienação radical

Conforme W. Günther[57], para compreender o que o Novo Testamento entende por mentira, é necessário o recurso a dois grupos de termos gregos:

a) Primeiramente, o grupo de palavras integradas pelo verbo *hypokrino* = fingir (cf. Lc 20,20), pelo substantivo *hypókrisis* = hipocrisia (cf. Mc 12,15) e pelo adjetivo *hypokrités* = hipócrita (cf. Mt 6.2.5; 7,5;15,7; 22,18; 23,13-32; Lc 12,56).

b) De maneira ainda mais direta, a mentira é designada mediante o verbo *pseudomai* = mentir (cf. Jo 8,44; At 5, 3-4; 1Jo 1,6), pelo substantivo *pseudos* = mentira (cf. Rm 1,25; Jo 8,44), pelo adjetivo *pseustes* = mentiroso (cf. Rm 3,4, citando o Sl 116,11; Jo 8,44; 1Jo 2,22; 2,4; 4,20; Ap 2,2), pelo termo *apseudés* = que não mente (cf. Tt 1,2; cf. tb. 2Cor 11,31; Gl 1,20), bem como por numerosas palavras compostas a partir destes vocábulos.

Em relação ao primeiro grupo de palavras, a forma adjetivada é a mais utilizada e se encontra, sobretudo nos Sinóticos e, mais es-

---

55 Cf. Ibid. p. 339-340. Cf. SCHELKLE, K.H. *Teologia do Novo Testamento*. Op. cit., p. 283-284.

56 Ibid., p. 340.

57 GÜNTHER, W. "Mentira". In: COENEN, L.; BEYREUTHER, E. & BIETENHARD, H. (eds.). *Diccionario Teológico del Nuevo Testamento*. Op. cit., 68-70.

pecialmente ainda, em Mateus, sempre colocada nos lábios de Jesus, com um sentido bem conhecido. Refere-se à pessoa religiosa guiada pelo fingimento assumido conscientemente, à pessoa dominada pela cegueira e prisioneira do autoengano. Os hipócritas de que nos falam os evangelhos são pessoas que por fora parecem muito piedosas e tementes a Deus, mas, na prática, não aceitam o dom do amor gratuito de Deus, rejeitando, assim, a salvação oferecida por Ele mediante Jesus.

No que se refere ao segundo grupo, as numerosas palavras relacionadas com a raiz *pseu* encontram-se, sobretudo, nos escritos paulinos e nos escritos joaninos. Mentira, mentir, mentiroso são termos que, quando aplicados ao ser humano, ressaltam o autoengano deste que pensa estar no lugar de Deus. É a mentira primeira (cf. Gn 3), repetida frequentemente, autoadoração, rejeição da criaturalidade, que leva a adorar as criaturas em lugar do seu Criador (cf. Rm 1,25). Note-se bem a dimensão tão grave e tão radical do autoengano, da mentira: o ser mais íntimo do homem e da mulher é deturpado, pois a criatura rejeita ser criatura e se considera divina por si mesma. Citando o Sl 116,11, Paulo não hesita em chamar de mentirosos a todos os homens, autoiludidos, escravos do autoengano, em contraste total com o Deus veraz, o Deus da verdade (cf. Rm 3,4).

É na mentira, no autoengano que se resume o significado da existência do "homem velho". Em Cl 3,5-17 encontramos uma viva descrição da passagem do "homem velho" para a existência do "homem novo". Nos v. 5 e 7 são enumerados os vícios que caracterizam a existência do "homem velho". E no v. 9 fala-se da *mentira* separada dos outros vícios. Vale a pena destacá-la, pois ela constitui uma síntese da existência do homem entregue ao pecado, do homem "velho". O pecado consiste na mentira; no fundo, consiste em querer ocupar o lugar de Deus (cf. Gn 3). Mas, justamente isto é cair na mentira mais radical, num autoengano mortal. O homem mente, ilude-se, engana no nível mais profundo do seu existir. Não aceita o plano de Deus sobre a humanização e vive, assim, na mentira e na alienação mais radicais. Rejeita o desígnio de Deus, perverte a relação entre os seres humanos, deturpa a relação com o mundo criado pelo amor deste Deus e se relaciona consigo mesmo de maneira falsificada, usando máscaras, autoiludindo-se, vivendo na mentira a respeito da própria realidade.

Sim, todo homem está inclinado à mentira, mas, em Jesus Cristo, recebemos a capacidade para viver na verdade, uma vez que somos recriados em Cristo, a verdadeira imagem de Deus; uma vez que a imagem de Deus é nele purificada da falsidade e da mentira próprias da existência do homem velho. Ser um homem novo implica uma existência vivida na verdade. Daqui a exigência ética de o cristão evitar a mentira (cf. Cl 3,9-10)[58].

A mentira aparece nos escritos joaninos como rejeição e inimizade contra Jesus Cristo, o portador da verdade, ou melhor, a verdade mesma. E, como se trata de uma verdade salvífica, o mentiroso fica fechado na infidelidade ao dom da salvação e orientado, assim, para a morte. Mentira e morte formam uma unidade fatal, um trágico binômio atribuído ao diabo e, como consequência, aos seus filhos, aqueles que rejeitam Jesus Cristo, que é a verdade e a vida, também inseparavelmente unidas (cf. Jo 8,44). Neste contexto, compreende-se a gravidade da mentira, do poder da mentira que se insurge contra a verdade divina, revelada mediante Jesus Cristo. O poder da verdade liberta (cf. Jo 8,31-32); o poder da mentira mata (cf. Jo 8,44).

E convém lembrar que a verdade salvífica é a mesma palavra criadora (cf. Jo 1,1ss.). Daí decorre a radicalidade da mentira: negar Jesus Cristo é negar o próprio ser de criatura! Nada pode ser mais destrutivo nem mais mortífero do que a mentira. Tão grande é esta cegueira que o homem mentiroso projeta em Deus, diríamos, utilizando uma linguagem psicanalítica, a própria mentira: uma vez que não reconhece a realidade do seu pecado, está afirmando que o mentiroso é Deus! (cf. 1Jo 1,8-10). Em outras palavras: aquele que não aceita o Filho de Deus, Jesus Cristo, testemunhado por Deus,

---

58 Cf. SCHELKLE, K.H. *Teologia do Novo Testamento*. Op. cit., p. 287.

não pode acreditar no Deus que testemunha e, assim, faz do próprio Deus um mentiroso (cf. 1Jo 5,10).

Os "judeus" contra os quais polemiza o autor do quarto evangelho, são chamados de *filhos do diabo* no qual "não existe verdade. Quando profere a mentira, ele a tira do seu próprio cabedal, porque é mentiroso e pai da mentira", Jo 8, 44. E age como mentiroso, seduzindo e enganando (cf. Ap 12,9). A mentira é escravidão, o pecado é mentira. O pecado é escravidão, precisamente escravidão da mentira. A libertação só poderá estar na abertura e no acolhimento da verdade que é Deus mesmo, verdade manifestada e comunicada em Jesus Cristo. Assim, acolher e conhecer Jesus Cristo é acolher e conhecer a verdade que é Deus. Destarte, a escravidão será vencida, possibilitando uma existência vivida na liberdade: "Se permanecerdes na minha palavra, sereis, em verdade, meus discípulos e conhecereis a verdade e a verdade vos libertará" (Jo 8,31-32). Vencer a mentira, acolher a verdade e, assim, viver a liberdade que só a verdade – Jesus Cristo, expressão da Verdade que é Deus – pode proporcionar. Só o Filho poderá nos libertar para sermos realmente livres (cf. Jo 8,36).

Esta mentira de que tratam os escritos paulinos e joaninos radica-se no mais profundo do ser. Trata-se da decisão mais fundamental de todas: aceitar ou rejeitar o dom do amor salvífico de Deus mediante o Enviado, Jesus Cristo. Obviamente, esta opção fundamental repercute nas opções vividas no dia a dia. Trata-se de amar a verdade e de viver em coerência com ela. Trata-se de optar pela verdade ou pela mentira como uma situação habitual da vida. A mentira é a incoerência radical entre a profissão de fé e a vida diária, entre a conversão afirmada e o caminho contrário vivido no comportamento e atitudes: tudo isto é a mentira, na perspectiva joanina (cf. 1Jo 1,6; 2,4; 4, 20).

Evidentemente, desta atitude fundamental surge a exigência de se evitar a mentira nos relacionamentos entre os irmãos. A mentira, para o homem novo, é algo que deve ser abominado e, no lugar dela deve reinar a palavra da verdade nos relacionamentos comunitários (cf. Ef 4,25; Cl 3,9). Em contraste direto com aqueles que foram resgatados pelo Cordeiro, os que falam mentira não poderão participar da Jerusalém celeste (cf. Ap 14,5; 21,8; 21,27; 22,15)[59].

5 A realidade da sombra e a revisão atual pessoal e comunitária

Como conclusão das reflexões anteriores, deve ter ficado claro que para o encontro com a nossa realidade pessoal e comunitária não basta o reconhecimento da ambiguidade, no âmbito pessoal e no âmbito da história humana. Acontece que, ao lidar com a ambiguidade, experimentamos a forte tentação de mentir, procurando ignorar a realidade da sombra que está em cada um de nós e em nossas comunidades (autoengano e repressão). Esta repressão vem acompanhada da projeção nos outros, seja no âmbito individual, seja no âmbito coletivo, e desemboca numa agressividade extremamente destrutiva.

Procurei, depois, olhar um pouco mais de perto para essa dura realidade que é a tendência para a mentira, só que, num nível distinto, teológico, com o auxílio das contundentes afirmações neotestamentárias sobre a verdade e a mentira. Neste item conclusivo, pergunto-me pelos desafios atuais suscitados pela realidade da sombra, descrita pela psicologia profunda, e pela realidade mortífera da mentira, denunciada pela mensagem do Novo Testamento; desafios no nível pessoal da nossa vida cristã e, igualmente, no nível propriamente eclesial.

A enumeração não pretende ser completa. Trata-se apenas de acentuar aqueles pontos que, no meu entender, se apresentam como prioritários, se quisermos aproveitar estas duas primeiras décadas do século/milênio, tempo especialmente simbólico que nos remete na direção de uma revisão-conversão mais profunda. Vejamos, a seguir, estes desafios.

---

59 Cf. BECKER, H. & LINK, G. "Mentira". In: *Diccionario Teológico del Nuevo Testamento*. Op. cit., p. 70-73.

5.1 O necessário bom-senso em confronto com os desafios provenientes da psicologia profunda e da psicanálise

Sabemos que a reação negativa, com que foi recebida a psicologia profunda e, sobretudo, a psicanálise em ambientes cristãos está hoje superada, em boa parte. As causas dessa rejeição são várias[60]. Permito-me, aqui, apontar apenas para a relutância, por parte de cristãos, em aceitar as suspeitas a respeito de tudo quanto poderia haver de insincero ou de ilusório na própria experiência religiosa.

No que se refere às suspeitas das pessoas religiosas em relação à psicologia profunda gostaria de citar R. Affemann que, a partir da experiência da psicoterapia, constatava, em 1957, a falsidade existente em não poucas pessoas cristãs: "Quanta coisa que, vista de fora, parece de elevado padrão ético, é podre e vazia, mentira e engano". E acrescentava: "Esta é também uma das raízes do fato pelo qual a psicologia profunda é recusada tão vivamente por muitos cristãos: sentem que ela pode descobrir a mentira da própria vida"[61].

A psicologia profunda e a psicanálise, desde que respeitem os próprios limites e não extrapolem o seu método, podem prestar um importante serviço à pessoa religiosa. De fato, podem ajudar a perceber as distorções ou enganos sempre possíveis de acontecer em toda relação afetiva e, assim, podem ajudar no processo de amadurecimento da pessoa em todas as suas relações, também, sem dúvida, na relação com Deus[62].

---

60 Cf. nesta obra o cap. 2, item 1: as dificuldades para o diálogo crítico entre psicanálise e teologia.

61 AFFEMANN, R. *Psychologie und Bibel*, 1957, p. 81. Apud TEPE, V. *Prazer ou amor?* Salvador: Mensageiro da Fé, 1966, p. 305.

62 Cf. TEPE, V. Ibid., p. 94-95. No caso concreto de G. Jung há elementos, no processo de individuação por ele apresentado, que merecem críticas por parte da teologia, a começar pelo influxo fortemente gnóstico na sua teoria. Mas, isto não invalida a verdade de muitos outros aspectos, como é o caso da sombra. Cf. Ibid., p. 302-305.

5.2 O reconhecimento da sombra e o desafio da nossa conversão pessoal e comunitária

Primeiramente, por que será que todo ser humano experimenta essa tendência a se iludir a respeito da própria realidade, tendência que contamina a vida das comunidades e das instituições?

Porque somos criaturas, experimentamos que somos visceralmente carentes. E somos conscientes da nossa não completude, raiz da nossa ânsia insatisfeita e de nossa inquietude que nada consegue aquietar. Somos sempre ansiosos, inquietos, insatisfeitos, à procura de maior completude. Quando sossegamos um pouco, logo depois, nos colocamos, novamente, a procurar: novas pessoas, mais coisas para possuir, novas realizações etc.

Como criaturas, estamos marcados por esta carência fundamental, marcados pelo "não ser", que provoca ansiedade e insatisfação. Simultaneamente, estamos penetrados pelo "ser" e pelo "poder ser". Ora, conforme a afirmação de P. Tillich, é a "herança do não ser" a que suscita a ansiedade, enquanto a "herança do ser" fundamenta a coragem e impulsiona ao agir, precisamente na procura de mais ser[63]. Este é o lado positivo desta carência básica.

A carência, no entanto, apresenta outro lado: ela nos leva facilmente a desenvolver uma série interminável de falsas ilusões e de autoenganos, tanto no plano da nossa vida pessoal quanto no âmbito da coletividade. Nossa indigência básica nos leva a fantasiar nossa realidade, insisto, pessoal e coletiva, e faz com que vivamos, assim, na mentira.

E, de maneira mais diretamente relacionada com o objetivo da presente reflexão, a temática da sombra que analisei sumariamente, pode ser um valioso auxiliar na revisão e no aprofundamento da vivência cristã. O motivo é óbvio: a verdadeira conversão ao Deus de Jesus Cristo só pode ser desenvolvida no âmbito da sinceridade e da verdade a respeito da própria realidade interior. A mesma coisa pode ser afirmada da conversão comunitária. Esta só é possível

---

63 Cf. TILLICH, P. *Teologia Sistemática*. São Paulo: Sinodal/Paulinas, 1984, p. 213.

quando se dá uma abertura sincera à realidade comunitária, quando se evita a tentação de projetar, em outras comunidades ou grupos, os próprios problemas.

O conhecimento de si próprio, como sabiam muito bem os mestres espirituais de tradição cristã, é indispensável para o amadurecimento na experiência cristã. Eles conheciam bem o quanto é necessário o conhecimento de si próprio, a honestidade em relação às nossas intenções, para podermos viver genuinamente o caminho da conversão. Com efeito, como poderá a pessoa amadurecer no bem, no amor e na justiça, se não conhece o mal que existe no próprio interior? Algo semelhante pode ser afirmado da instituição eclesial: como poderá melhorar o seu serviço evangelizador e ser melhor testemunha de Jesus Cristo e do amor de Deus Trindade, se não percebe as suas deficiências e as suas infidelidades e se procura culpabilizar os "outros", invés de aprofundar a própria conversão? A verdade pode ser muito dura, mas é o único caminho de autêntica libertação. A dureza dos evangelhos na denúncia da mentira e da hipocrisia religiosa, representada pelos "escribas e fariseus", é paradigmática.

Nós cristãos podemos cair na mesma tentação: ao condenarmos e destruirmos os "outros" podemos nos sentir purificados e santos! Assim, podemos acabar acreditando que o mal são sempre os outros, que casualmente são os que não concordam conosco ou com o nosso grupo! Dito desta maneira parece algo ridículo, mas não será é real este problema da projeção da nossa sombra que se aplica tanto ao indivíduo quanto à coletividade?

Atacar o mal nos outros – real ou suposto –, condenar o erro dos outros pode ser a maneira aparentemente mais barata de evitar a necessidade de entrar no próprio interior e de reconhecer o próprio mal e o próprio erro. Só que o barato, aqui, acaba se tornando muito caro. Nas palavras de R. Affemann: "Justamente porque inúmeros cristãos odeiam o inimigo dentro de si, porque condenam a si próprios, porque desprezam o outro dentro de si, vale para eles, de forma especial, que é preciso aceitar-se cada um tal qual é, se quiser realizar o próprio destino". Falando a seguir da hipocrisia de muitos cristãos, acrescenta R. Affemann: "Identificam-se com um ideal deslumbrante, recalcam o homem sombrio dentro de si próprio e falam então de uma vida santificada. Sua fé, realmente, em grande parte nada mais é que uma ilusão". Pouco depois insiste:

> De certo, todos eles sabem que são pecadores, mas na prática não querem saber disso. Não se deixam remir da sua maldade, mas recalcam-na ou projetam-na no mundo pecador. Não se deixam remir por Cristo de seu ódio, de seu prazer na destruição, mas dirigem-no, em forma piedosa de oposição ao mal, contra o ambiente. Quantos milhões sucumbiram, no decorrer da história eclesiástica, como vítimas das agressões cristãmente disfarçadas! Quantas centenas de milhares, ainda hoje em dia, são mortos psiquicamente pela educação descaridosa, legalmente cristã, que é utilizada para derivação das próprias energias destrutivas[64].

5.3 O desafio atual da atitude farisaica

As características da sombra coletiva, denunciadas por Jesus, continuam a ser uma tentação constante em nossas comunidades. A hipocrisia, a falta de misericórdia, o formalismo religioso e o agir legalista, nada disto é exclusivo do *status quo* religioso que predominava na Palestina do século I. Contudo, é no "espírito farisaico", que melhor se resume a realidade da sombra coletiva.

Como vimos no item 3, os duros ataques contidos nos evangelhos contra os fariseus só têm sentido quando referidos à responsabilidade das pessoas. A atitude farisaica comporta a mentira em relação à própria realidade. O fariseu se considera "justo", fundamentando-se na realização de obras prescritas pela lei. Não percebe a negatividade e o pecado existente no seu interior e, assim, vive na mentira e na autoilusão. Em consequência, não se abre à misericórdia do Deus do Reino. Não vê necessidade nessa abertura, uma vez que ele já realiza o que é necessário para a salvação. Ele não vai receber gratuitamente aquilo que já merece por seu

---

64 AFFEMANN, R. *Psychologie und Bibel*. Op. cit., p. 303.

comportamento de homem justo[65]. Em relação à oferta salvífica do dom do Reino de Deus, a pessoa dominada pela atitude farisaica encontra-se numa situação de extrema gravidade. Enquanto se mantiver fechada nessa atitude ilusória e mentirosa a respeito da própria perfeição, como poderá abrir-se para acolher o dom do amor gratuito do Deus do Reino?

A atitude farisaica leva a pessoa a viver em uma autoilusão, em uma mentira. Ela quer ser boa – excelente desejo –, aliás, quer ser perfeitamente boa, e para isso passa a não perceber a sombra que há nela. Aqui acontece um paradoxo: só quando a pessoa reconhece a divisão interior e a tendência à mentira a respeito de si própria é que começa, de fato, a ser boa! Fazer profissão do bem puro leva, facilmente, à deturpação que significa o espírito inquisitorial. Acresce que o *ego*, enredado na atitude farisaica, é um *ego* fraco porque egocêntrico.

5.4 O pecado reconhecido como pecado

O mal é uma realidade na nossa história. E negá-lo é o pior mal, pois assim acabamos sucumbindo ao seu poder, indefesos e ingênuos. O mal existe em nós e no mundo em que vivemos. É necessário reconhecê-lo como mal para poder enfrentá-lo com conhecimento de causa e para poder lutar contra ele.

E falando agora diretamente do pecado, quando este não é reconhecido como pecado, seu poder mortífero se manifesta com toda radicalidade. O que foi indicado a respeito da sombra encontra plena aplicação quando se trata do pecado: reconhecê-lo constitui o primeiro passo para a sua superação.

Referindo-se à necessidade de desmascarar o pecado, J. Faus afirma que no seu ocultamento radica sua máxima força e que "o maior pecador, para a literatura bíblica, será aquele que nem mesmo tem 'consciência' do seu pecado"[66]. Este teólogo aduz dois exemplos

---

65 Cf. GARCÍA RUBIO, A. *O encontro com Jesus Cristo vivo* – Um ensaio de cristologia para nossos dias. 15. ed. 4. reimpr. São Paulo: Paulinas, 2012, p. 45-47.

66 FAUS, J.I.G. *Proyecto de hermano* – Visión creyente del hombre. Santander: Sal Terrae, 1987, p. 186.

bíblicos que ajudam a compreender a afirmação anterior. Trata-se do pecado de Davi (cf. 2Sm 11,1-12.13) e do pecado dos fariseus que se fecharam à ação de Deus manifestada na cura de um cego feita por Jesus (cf. Jo 9). Tanto no caso de Davi quanto no caso dos fariseus, encontramos a mesma mentira radical. Davi não percebe o mal que fez. Tudo parece natural e normal para ele, o rei. Só quando o Profeta Natan desmascara a mentira monstruosa em que Davi se encontra enredado é que este reconhece o seu pecado e inicia o processo de conversão.

No caso dos fariseus, dá-se o paradoxo de que o homem cego é quem vê a luz que é Jesus Cristo, enquanto eles, que se consideram esclarecidos e que proclamam "nós vemos" (Jo 9,41), ficam fechados na própria cegueira, incapazes de enxergar – acolher – a luz que poderia tirá-los das trevas da mentira em que se encontram mergulhados[67].

Na perspectiva teológica, a partir da qual estou refletindo, a cegueira, o fechamento na mentira e a rejeição da luz fazem parte do pecado, entendido em sua máxima radicalidade. Isto não significa que não exista a responsabilidade no pecador. Ao contrário, "a responsabilidade humana pode, às vezes, chegar inclusive à eliminação da consciência em proveito próprio"[68]. Sim, não se considerar pecador é o pior pecado.

E o que acontece quando reconhecemos o pecado que está em nós? Para responder a esta pergunta, considero útil citar a observação feita a este respeito por J. Faus: o fato de reconhecer o pecado como pecado, como mal, "indica que algo em nós está ainda (ou está já) fora desse pecado; indica que o pecado não tomou posse totalmente de nós, e que alguma voz do nosso eu não tem sido silenciada pela maldade e está ainda livre para dar-lhe esse nome"[69].

---

67 Cf. Ibid. p. 188-191.

68 Ibid., p. 193.

69 Ibid., p. 194.

5.5 A projeção da sombra inviabiliza o diálogo

A realidade da divisão interior experimentada pelo ser humano não é difícil de ser percebida. Bem mais difícil é aceitar nossa própria sombra, bem como a sombra das nossas comunidades eclesiais. Ora, tal como foi apresentado no item 2, o desconhecimento da sombra, o fingir que ela não existe, reprimindo-a, leva a projetar nos outros, pessoas e coletividades, precisamente aquilo que é reprimido. É evidente que, deste modo, se torna impossível o diálogo intraeclesial, entre orientações teológicas, pastorais ou espirituais distintas, sem contar com a impossibilidade de diálogo com outras Igrejas ou confissões cristãs ou com outras religiões.

O fanatismo religioso, o espírito inquisitorial e outros fenômenos semelhantes podem ser mais bem compreendidos quando conhecemos a dinâmica da projeção da sombra. O evangelho é muito claro a este respeito: "Porque reparas no cisco que está no olho do teu irmão, quando não percebes a trave que está no teu?" (Mt 7,3).

5.6 A sombra coletiva em nossas comunidades eclesiais

O primeiro passo também na conversão comunitária consiste em reconhecer a existência da sombra coletiva. Não é fácil aceitar nem a sombra pessoal nem a existência da sombra coletiva. A autoimagem que a comunidade ou a instituição apresentam pode levar facilmente à rejeição de tudo quanto ameaça essa autoimagem. Isto ficará relegado ao domínio da sombra, ao lado escuro da comunidade ou da instituição. E bem sabemos como é grande a tentação de culpabilizar as outras Igrejas ou grupos da mesma Igreja que não pensam como o nosso ou não defendem a nossa espiritualidade ou a nossa teologia...

Uma manifestação também desta dificuldade em aceitar a sombra encontra-se no fato de que muitas pessoas piedosas gostam de imaginar os santos da nossa tradição dotados de uma perfeição praticamente total. Algumas biografias de santos apontam nessa direção. Trata-se de uma imaginação devota que não corresponde à realidade. A sombra continua presente neles. E eles, mais do que ninguém, percebem a limitação, a imperfeição e o "velho homem" que persiste atuando neles. Sim, a vivência do encontro profundo com o amor de Deus vai transformando a vida da pessoa sem, contudo, eliminar falhas, imperfeições e traços psíquicos parcialmente correspondentes ao que chamamos de sombra.

É necessário reconhecer erros do passado distante e pedir perdão com humildade. Pessoalmente, fiquei emocionado com os pedidos de perdão do Papa João Paulo II. Mas também é necessário, embora se perceba que é muito mais difícil reconhecer e pedir perdão pelos enganos e erros mais recentes. No entanto, isto é ainda mais necessário precisamente quando nos colocamos a serviço de uma conversão mais lúcida e da transparência de significação da Igreja[70]. Passar por alto os próprios erros e imperfeições para apresentar uma imagem triunfalista da Igreja acaba tendo o efeito contrário daquele pretendido por uma certa apologética míope.

5.7 O desafio da verdade e da veracidade

A gravidade da mentira, na ótica cristã, deve ter ficado clara pelo que foi exposto no item 3. Assim, o tema da mentira deveria merecer uma atenção toda especial por parte dos cristãos. A mentira, como já assinalado acima, resume o fechamento do ser humano que rejeita a verdade que é Deus, revelada mediante Jesus Cristo. Trata-se da mentira na ótica teológica. Entretanto, a aceitação da verdade que é Jesus Cristo comporta a vivência de atitudes de autenticidade e de veracidade. Numa antropologia integrada, é óbvio que o acolhimento da verdade pessoal, que é Jesus Cristo, implica a *realização* dessa verdade, no sentido apresentado pelo quarto evangelho. Implica a sinceridade e a autenticidade-veracidade com que a pessoa vive todas as suas relações. Convém repetir: o primeiro passo no processo de conversão consiste na aceitação de que precisamos de conversão.

---

70 Sobre a transparência de significação da Igreja, cf. SEGUNDO, J.L. *Esa comunidad llamada Iglesia*. Buenos Aires: Calos Lohlé, 1968, p. 121-147.

Não se trata de falsa humildade. Nossa ambiguidade e nossas fraquezas são muito reais. Aceitar a realidade da sombra é necessário para o amadurecimento da nossa personalidade, ensina-nos a psicologia profunda. Mas é na abertura e na aceitação do dom do amor gratuito de Deus mediante Jesus Cristo que o cristão toca o mais profundo do seu ser. É à luz e ao calor do amor misericordioso, do perdão oferecido com tanta generosidade por Deus, que o cristão aceita a própria limitação, a sua ambiguidade e a sua pecaminosidade.

Em união viva com Jesus Cristo, o cristão pode afirmar com Paulo: "Pois quando sou fraco, então é que sou forte" (2Cor 12,10). As fraquezas não são obstáculo para o seguimento de Jesus Cristo. Ao contrário, é no interior delas que se manifesta a força e a graça salvadora do Deus-Ágape. Referindo-se à eficácia salvadora da Ressurreição de Jesus Cristo, Paulo pode exclamar com toda convicção: "Tudo posso naquele que me dá forças" (Fl 4,13)[71]. A verdade nos libertará (cf. Jo 8,32). Esta afirmação evangélica, cujo sentido cristológico explicamos acima, pode aplicar-se também ao domínio da relação com a nossa realidade interior, com suas luzes e sombras. Ficamos cegos à verdade, quando mentimos a nós mesmos, acreditando que somos somente luz. Quando reconheço a sombra que sou eu, começo a enxergar a luz da verdade que Deus é, que os outros são e que eu mesmo sou. Isto é válido também para o reconhecimento da sombra coletiva existente nas comunidades e na instituição eclesial.

Conclusão – O Amor e a Vida têm a última palavra

Convém reconhecer honestamente que é necessária muita esperança para defender a afirmação de que a última palavra sobre o destino humano cabe ao amor e à vida. A história, e não só a do século XX, não parece justificar esse otimismo. De que otimismo se trata? A interpretação cristã da realidade humana não fica prisioneira de ilusões

---

71 Cf. TEPE, V. *Prazer ou amor?* Op. cit., p. 303-304.

a respeito da bondade do ser humano. O homem é profundamente ambíguo, capaz das maiores atrocidades e dos maiores heroísmos. É ambíguo e tem forte tendência ao mascaramento e à mentira a respeito da sua realidade interior e da realidade do coletivo a que pertence. Mais ainda, o ser humano é pecador e nossa história de pecadores – pecado, no sentido pessoal e no âmbito estrutural e coletivo.

Contudo, a história de cada um de nós e a história coletiva encontram-se *remidas* pela intervenção amoroso-salvífica de Deus na mediação de Jesus Cristo. Nas trevas da nossa história pessoal e coletiva de pecadores brilha uma nova luz, uma luz tão potente que pode dissipar as trevas mais densas.

Um princípio novo está atuando no coração da nossa história de pecadores, um princípio novo *qualitativamente* distinto de tudo quanto podemos criar em nossa vida e em nossa história. É o que a tradição cristã conhece como presença e atuação da *graça* do Deus--Ágape, oferecida gratuitamente mediante Jesus Cristo. Sim, em todo ser humano existe uma tendência ao fechamento e ao mal e existe uma orientação salvífica – dom de Deus – para a vivência do amor.

O pessimismo se justifica quando consideramos a realidade da história e da nossa vida pessoal e comunitária, abstraindo-nos da atuação do amor salvífico de Deus. Em termos *quantitativos,* a tendência para o mal parece predominar largamente. Ou, na linguagem de Jesus, o joio parece crescer com mais vitalidade que o trigo. O erro nesta visão da nossa história consiste em colocar em paralelismo simétrico as duas orientações, comparando-as em termos de quantidade. A nova orientação, embora tenha acompanhado sempre o ser humano desde o início da nossa história, é *nova*, admirável e estupendamente nova – tanto que o ser humano nem é capaz de sonhá-la. Pois o novo é o Deus-Ágape; o novo é seu Revelador pleno, Jesus Cristo, o novo é a atuação do Espírito Santo no ser humano e no mundo todo, o novo é a salvação gratuita oferecida e realizada com extraordinária generosidade. Entre a nossa miséria e a riqueza do dom de Deus não há termos de comparação. É verdade que pode predominar o mal, se olharmos a realidade em termos quantitativos, mas, se a considerarmos do ponto de vista do qualitativamente novo, a comparação não tem mais sentido.

Por isso, o fato da ambiguidade e da tendência a nos iludir a respeito da realidade pessoal e comunitária não nos torna pessimistas. Precisamos perceber aquilo *de que* somos libertados. E, mais ainda, perceber *para que* somos libertados, isto é, para a vivência da vida nova. É esta orientação salvífica nova, atuando em cada um de nós e na história humana e até no cosmos, que fundamenta a nossa esperança. Somos libertados para viver no seguimento do caminho de Jesus, da sua experiência do Deus-*Abbá*, da sua liberdade e do seu amor-serviço, e tudo isto, não na fuga da realidade atual, mas no meio das suas ambiguidades, do mal e do próprio pecado.

Caminhamos em direção ao futuro prometido pelo Deus da salvação, o futuro de plenitude de amor e de vida, que só Ele pode realizar, pois trata-se de um futuro transcendente e não mais intramundano. Será esta perspectiva um convite para a alienação e para a passividade? Certamente não, uma vez que existe íntima vinculação entre a Promessa esperada e a realização de promessas imperfeitas, mas reais, de compromissos contra a injustiça, a mentira e a morte, e a favor da vivência da justiça, da verdade, da vida, da paz, da reconciliação, da solidariedade, no concreto das situações da nossa história. Assim, a Promessa de plenitude esperada é, até certo ponto, pregustada já, hoje.

Decerto, na necessária revisão da vida das comunidades eclesiais, bem como na revisão pessoal aparecerão luzes e sombras. A luz não é para ser colocada "debaixo do alqueire" (Mt 5,15), mas, ao contrário, deve brilhar "diante dos homens, para que, vendo as vossas boas obras, eles glorifiquem o vosso Pai que está nos céus" (Mt 5,16). Entretanto, o objetivo da reflexão desenvolvida neste capítulo não foi focalizar a luz, as boas obras que devem ser reconhecidas com alegria e gratidão, mas chamar a atenção sobre a poderosa tendência humana, existente também em nós, cristãos, para a ilusão e a mentira a respeito de nós mesmos, das nossas comunidades e da Igreja. Olhar para esta realidade negativa não significa algum tipo de masoquismo, pois está a serviço da conversão renovada, da novidade de vida em conformidade com Jesus Cristo e a serviço de um empenho evangelizador mais autêntico e coerente, fundamentado que está numa maior abertura à verdade. Em definitivo, está a serviço do processo que leva a uma experiência adulta de Deus.

2
Superação do infantilismo religioso

Introdução

A referência às três grandes descobertas da Modernidade, que têm modificado radicalmente a visão tradicional do ser humano, tornou-se, hoje, lugar comum. No entanto, o fato de ser algo repetido com frequência não elimina a sua importância. Com frequência a teologia, especialmente a antropologia teológica, é chamada a se debruçar sobre os desafios que essas descobertas significam para a expressão da fé cristã. Vale a pena lembrá-los. Primeiramente, a constatação de que nossa terra está longe de ser o centro do universo. Em segundo lugar, a descoberta do caráter evolutivo da vida. O trono em que o ser humano se coloca, autoproclamando-se rei da criação, é minado pelo evolucionismo. Também o ser humano é o resultado da evolução da vida. Contudo, essas duas descobertas seriam, conforme numerosos autores, só o prelúdio do destronamento da visão do homem herdada do pensamento clássico, com o qual a teologia cristã esteve, por muito tempo, intimamente vinculada. O golpe decisivo contra a autossuficiência humana teria sido dado, enfim, pela psicanálise, ao nos mostrar que somos comandados, ao menos em boa parte, por forças e instintos que não controlamos e dos quais nem mesmo temos consciência.

Os questionamentos suscitados à reflexão teológica por essas descobertas modernas têm sido, como era de esperar, extremamente fortes. Neste capítulo, e dentro da ressonância provocada pelo terceiro impacto – o da psicanálise –, procuro focalizar alguns aspectos das inovações psicanalíticas, que podem nos ajudar a perceber melhor o substrato psicoafetivo necessário para que a pessoa possa desenvolver uma experiência adulta de Deus, distinguindo-a das frequentes expressões infantis dessa experiência.

No capítulo anterior, preocupados com a revisão da nossa vivência cristã pessoal e comunitária, abordei um aspecto importante da psicologia profunda de orientação junguiana, a saber, a realidade da *sombra*, presente em cada ser humano que, não sendo aceita e assumida, pode perturbar seriamente todo o processo de maturidade na fé.

A reflexão, neste capítulo segundo, situa-se no interior da mesma preocupação com o processo que conduz à maturidade na relação com Deus. Em um primeiro momento, depois de lembrar o quanto tem resultado difícil o diálogo entre psicanálise e teologia (item 1), procura-se focalizar como se apresenta o desejo de fusão e de onipotência que se manifesta nas duas primeiras fases da evolução psicoafetiva da criança, desejo que deverá ser superado para que o ser humano possa tornar-se realmente adulto (item 2). Levantarei, a seguir, a questão da possível relação entre o infantilismo psicoafetivo e o infantilismo religioso (item 3). Procurarei, também, indicar como se dá o enraizamento da experiência de Deus no desejo de fusão e de onipotência (item 4). Embora de maneira sumária, não posso deixar de ressaltar, depois, algumas características do encontro com o Deus da revelação bíblica que nos mostram até que ponto esse encontro supõe a superação do infantilismo psicoafetivo e religioso (item 5). Finalmente, serão assinaladas algumas implicações teológico-pastorais decorrentes do tema.

A mediação de elementos tomados da psicanálise visa, neste trabalho, ajudar a perceber e, talvez, a evitar os riscos que espreitam o caminho que o ser humano é chamado a seguir em direção à maturidade da fé.

Na elaboração deste capítulo sou devedor, agradecido, das reflexões do psicanalista e teólogo C.D. Morano. Ele apresenta a vantagem de articular, ele mesmo, os dados psicanalíticos com a reflexão teológico-pastoral, respeitando a especificidade dos dois campos de conhecimento[72].

1 O difícil diálogo crítico entre psicanálise e teologia

Conhecidos certos pressupostos antropológicos de S. Freud, especialmente a opção pelo ateísmo e a negação de toda finalidade transcendente para a vida humana, é fácil perceber a dificuldade que entranha o diálogo entre a psicanálise por ele desenvolvida e a visão cristã do ser humano. Entretanto, convém chamar a atenção para o fato de que o ateísmo de Freud é anterior à sua descoberta da psicanálise e ao fechamento da sua teoria na mera imanência. As experiências pessoais vividas por Freud, a maneira como experimentou a realidade do catolicismo na católica Viena, o condicionamento da ciência positivista na sua formação e no desenvolvimento do seu trabalho profissional, bem como a visão mecanicista do ser humano predominante nessa época constituem aspectos importantes para entender a opção ateísta[73].

Não há, contudo, um vínculo indissolúvel entre psicanálise e ateísmo. Outros defensores do método psicanalítico não encontraram incompatibilidade entre a psicanálise e a abertura a um sentido transcendente para a vida humana. De fato, sabemos hoje que se trata de um método investigativo do dinamismo subterrâneo da

---

72 No Brasil convém lembrar com gratidão os trabalhos de Dom W. Tepe. Cf. esp.: *O sentido da vida* – Ascese cristã e psicologia dinâmica. 4. ed. Salvador: Mensageiro da Fé, 1961. • *Prazer ou amor?* Op. cit. • *Diálogo e autorrealização.* Petrópolis: Vozes, 1977. O estudo da polêmica contribuição de E. Westermann ultrapassa em muito o objetivo deste capítulo. Merece um estudo mais aprofundado do ponto de vista exegético e do ponto de vista da teologia sistemática. Para uma primeira aproximação, cf. BOADA, J. "Método histórico-crítico, psicología profunda y Revelación – Una aproximación a Eugen Drewermann". In: *Actualidad Bibliográfica*, 53, 1990, p. 55ss. • BOADA, J. "Exégesis, teología y psicología profunda". In: *Actualidad Bibliográfica*, 59, 1993, p. 5-33.

73 Cf. KÜNG, H. *¿Existe Dios?* – Respuestas al problema de Dios en nuestro tiempo. Madri: Cristiandad, 1979, p. 367-377. Quando apresenta o itinerário que teria levado S. Freud ao ateísmo, H. Küng focaliza dois aspectos especialmente marcantes: as experiências com o ritualismo e com o antissemitismo católicos. Cf. Ibid., p. 371-372.

psique e de procura da cura do paciente, que independe da negação ou aceitação de Deus.

É verdade que Freud faz uma dura crítica à religião, a partir da psicanálise. Vale a pena lembrá-la, sumariamente, seguindo a exposição do referido psicanalista e teólogo Carlos Dominguez Morano. Essa crítica pode ser resumida em dois pontos básicos, mutuamente relacionados: a religião vista como *neurose* e como *ilusão*[74].

Primeiramente, a religião entendida como neurose coletiva que defende e protege da neurose individual. Trata-se de neurose, segundo Freud, porque a pessoa religiosa fica prisioneira do conflito edipiano, só que transferido a Deus, com toda a sua carga afetiva ambivalente de ódio e amor, simultaneamente[75]. É verdade que Freud atribuiu à religião um sentido positivo, na medida em que constituiria uma etapa evolutiva posterior ao narcisismo infantil com o seu poderoso sentimento de onipotência. Na religião, a pessoa supera esse narcisismo radical, uma vez que aceita que não é onipotente. Contudo, projeta em Deus essa onipotência. Mas, note-se bem, na explicação freudiana, o ser humano continua prisioneiro do desejo de onipotência, embora, na religião, transferido a Deus[76]. Ora, o homem e a mulher só se tornam realmente adultos, quando superam o sentimento de onipotência, seja referido a si mesmos, seja projetado em Deus.

E, assim, deparamo-nos com o segundo elemento da crítica de Freud à religião: esta é considerada uma *ilusão*, uma grande ilusão que faz com que o ser humano permaneça prisioneiro de uma experiência infantil, incapaz de assumir a própria vida com responsabilidade. Na religião, conforme esta perspectiva, a autonomia do ser humano, no plano psicológico, não seria estimulada nem mesmo preservada. Pelo contrário, na religião simplesmente se daria uma experiência da criança que não aceita a dureza da realidade e que

---

74 Cf. MORANO, C.D. *Crer depois de Freud*. Op. cit., p. 35-82. Para um estudo crítico mais aprofundado, cf. MORANO, C.D. *El psicoanálisis freudiano de la religión – Análisis textual y comentario crítico*. Madri: Paulinas, 1991.

75 Cf. MORANO, C.D. *Crer depois de Freud*. Op. cit., p. 38-41.

76 Cf. Ibid., p. 43-46.

se refugia no Deus todo-poderoso, providente, onipotente etc. Deus seria, assim, uma projeção do desejo infantil de onipotência, do narcisismo em que se encontra ainda imersa a criança. Este desejo, porém, embora seja constitutivo do processo de amadurecimento do ser humano, deve ser superado e substituído pela abertura-aceitação da realidade, o que implica deixar de lado as ilusões e os sonhos alienantes que impedem o ser humano de crescer como humano, com autonomia e independência[77].

Sem dúvida, esta crítica de Freud à religião presta-se, por sua vez, a sérias críticas, porque ele também foi atingido por ilusões no próprio conhecimento[78]. De fato, muitas críticas já foram feitas – e continuam sendo feitas – pelos próprios discípulos do mestre e por representantes de outras escolas da psicanálise. Não é necessário repetir aqui, portanto, essas críticas. A algumas delas, voltaremos mais adiante, no decorrer desta reflexão.

Notemos também que o desafio levantado por Freud não fica reduzido às críticas por ele feitas à religião. Bem mais desafiadoras resultam as afirmações sobre o inconsciente e sobre o desejo infantil de onipotência, uma vez que apontam para uma visão do ser humano que questiona a antropologia clássica e cristã.

Para que sejam evitados mal-entendidos e confusões, quando se pretende relacionar psicanálise e teologia, devem ser fixados e respeitados os limites de ambas, porque se trata de linguagens distintas, com métodos e objetos formais distintos. É muito necessário esclarecer que a psicanálise não tem competência para fazer afirmações no campo específico da teologia. Igualmente, a teologia não tem competência no campo próprio da psicanálise. Porém, tanto as pessoas que se dedicam ao estudo e à prática psicanalítica quanto

---

77 Aqui convém fazer previamente uma observação importante: a rejeição de Deus e da experiência religiosa não significa que, automaticamente, a pessoa esteja vivendo a maturidade humana. A rejeição de Deus pode ocultar também o desejo infantil de onipotência. Cf. TORRES QUEIRUGA, A. *Creio em Deus Pai – O Deus de Jesus como afirmação plena do humano*. São Paulo: Paulinas, p. 106-107.

78 Sobre a tentação da ilusão no conhecimento, cf. as observações de MORIN, E. *Os sete saberes necessários à educação do futuro*. São Paulo: Cortez, 2001, p. 19-33.

aquelas dedicadas à investigação teológica podem cair, com facilidade, na tentação da extrapolação, chegando a fazer afirmações que vão além do método e do campo da própria investigação.

A teologia desenvolve sua reflexão no interior do campo da fé teologal, no âmbito da revelação de Deus, não no interior de uma investigação científica. A teologia procura, fundamentalmente, uma melhor compreensão dos dados revelados: *Fides quaerens intellectum!* O que não significa que a interpretação psicanalítica do fenômeno religioso não tenha nada a dizer para a teologia. Convém lembrar aqui que "a psicanálise não questiona a fé senão a nossa relação com a fé, seja qual for o modo como esta se elabore racionalmente"[79]. Ora, a fé, dom de Deus e resposta da pessoa humana, não existe pairando no ar, desvinculada das raízes profundas afetivas do ser humano. É aqui, então, que a psicanálise pode ajudar a teologia, não questionando os enunciados da fé (o que não lhe compete), mas, sim, a pessoa crente que vivencia esses enunciados. É essa pessoa concreta que é questionada, pois sua relação com os enunciados da fé pode estar viciada, prisioneira de imaginações infantis e alienantes[80].

Com estes pressupostos, cumpre, agora, assinalar como se dá o desejo de onipotência na criança.

2 O desejo de onipotência nas duas primeiras fases da evolução psicoafetiva do ser humano

Mérito indiscutível de S. Freud foi a descoberta do *inconsciente,* que passará a ser estudado por ele, utilizando uma metodologia que pretende ser científica. Como muitos outros antes dele, Freud constata que o ser humano é um ser de desejos. A novidade, em Freud, está na descoberta de que o desejo primariamente se encontra radicado no inconsciente, e não no nível da consciência. No mundo psíquico, tudo começa no inconsciente.

---

79 MORANO, C.D. *Crer depois de Freud.* Op. cit., p. 97. A tradução é de minha autoria. A tradução da obra em português não é fiel ao sentido do texto original.

80 Cf. Ibid., p. 97-98.

De que desejo se trata? Do desejo de onipotência presente no ser humano desde a primeira infância, responde a psicanálise freudiana[81]. Ora, trata-se de um desejo sempre insatisfeito. Essa insatisfação radical faz com que o ser humano, com grande facilidade, entre no caminho da ilusão, que pode ser tanto individual como coletiva[82]. Mas, como se desenvolve na criancinha esse desejo de onipotência, começando pela relação com a mãe?

2.1 O desejo de onipotência: a relação com a mãe

A psicanálise tem mostrado que o desejo infantil de onipotência impulsiona a criancinha para procurar uma totalidade, que no primeiro estágio da evolução psicoafetiva, é representada pela mãe[83]. O desejo do bebê está centrado na figura materna. A mãe representa a totalidade com que o bebê deseja estar fusionado. Sabe-se que, ao nascer, o bebê fica separado da mãe só até certo ponto, pois seu psiquismo continua ainda fusionado com ela, em uma prolongação da simbiose intrauterina. O bebê não se percebe ainda como distinto da mãe e do mundo que o rodeia. Está imerso em um mundo de onipotência envolvente.

No entanto, para o bebê poder crescer como ser humano, com sua autonomia própria, será necessário que supere esse desejo de perder-se simbioticamente na totalidade representada pela mãe. Será necessário perceber e assumir que nem a mãe nem o mundo são essa totalidade com a qual a criancinha deseja continuar fusionada prazerosamente. A mãe não pode ser essa presença total. Necessariamente, ela estará também ausente[84].

Pode se perguntar, no entanto se esse desejo de onipotência e de fusão com a mãe não constituem uma etapa necessária no desenvolvimento afetivo da criança.

---

81 Cf. MORANO, C.D. *Experiencia cristiana y psicoanálisis*. Op. cit., p. 18.

82 Os exemplos dessas fantasias e ilusões são muito numerosos. Cf. alguns deles em MORANO, C.D. *Crer depois de Freud*. Op. cit., p. 31-32.

83 Cf. MORANO, C.D. *Experiencia cristiana y psicoanálisis*. Op. cit., p. 19.

84 Cf. MORANO, C.D. *Crer depois de Freud*. Op. cit., p. 119-122.

A resposta de psicanálise é afirmativa. Trata-se de uma etapa necessária, mas que deve ser superada para que a criança possa se desenvolver como ser humano com autonomia e independência próprias. De fato, o desejo de onipotência expresso no desejo de fusão com a mãe, com a totalidade materna, é importante na estruturação do psiquismo humano, pois "essa aspiração à totalidade permanece como uma estrutura básica do desejo humano"[85]. Todavia, trata-se de um desejo que deve ser transformado, do contrário tornar-se-á uma poderosa força negativa paralisadora do processo de amadurecimento afetivo.

2.2 E qual seria a importância da relação com o pai nesse processo?

A relação com a figura paterna é muito importante no processo de separação da identificação com a totalidade materna. É a presença do pai que vai possibilitar o rompimento do fascínio da totalidade fusional materna, a ruptura e a superação do narcisismo radical da criança. Contudo, este processo não é nada fácil, pois a figura paterna apresenta-se à criança de maneira conflituosa e ambivalente. Com efeito, o desejo de onipotência que, como visto acima, impulsiona para a totalidade, vai passando da fusão com a mãe para o pai, fantasiado pela criança como onipotente. O pai é visto com uma auréola de onipotência: ele pode tudo, sabe tudo... ele é maravilhoso! O desejo de onipotência e de totalidade é projetado na figura paterna, verdadeiro objeto de adoração infantil. Contudo, na relação com o pai, a criança experimenta, inconscientemente, sentimentos opostos de amor e ódio (*situação edípica*). Amor porque o pai é apoio e segurança; ódio porque ele é tudo e a criança diante dele fica reduzida a nada.

A figura paterna apresenta limites, sobretudo no aparecimento da lei, que a criança vai ter que assumir. É a lei, sempre na perspectiva psicanalítica, que a criança sente como destruição do sentimento

---

85 Ibid., p. 121.

de onipotência. Assim, na relação com o pai, a criança vai ter de assumir que ela não é o centro do mundo e sobretudo que a mãe não é só dela. A onipotência do desejo deve, então, dar espaço para a aceitação dos próprios limites e dos limites dos outros. Mais ainda, a criança vai percebendo que esse pai ideal não é o pai real. E, assim, o pai imaginado, idealizado, deverá morrer para, no lugar dele, surgir o pai real com todas as suas limitações. O sonhado e imaginado deverá abrir espaço à realidade. Esta não é ilimitada nem onipotente, mas, em compensação, é *real* e não mais uma ilusão. O sentimento de onipotência projetado no pai precisa ser abandonado para que a criança aceite os próprios limites e se desenvolva como pessoa autônoma. Evidentemente, este processo difícil e sofrido é vivido no nível simbólico, não no nível da racionalidade[86].

Que a criança aprenda a aceitar esses limites é de enorme relevância no processo de amadurecimento afetivo. É aceitando estes limites que ela vai desenvolvendo a independência, a autonomia e a liberdade interior.

2.3 O amor a si próprio e a abertura aos outros como outros

O desejo de onipotência – junto com o narcisismo e o egocentrismo próprios da primeira infância – deve ser superado. Para amadurecer como ser humano, a criança vai ter de aprender a se abrir à realidade constituída pelas outras pessoas. Entretanto, convém chamar a atenção para o fato de que a superação do narcisismo, na pessoa relativamente amadurecida, não significa a eliminação do amor a si próprio. O conhecido psicanalista Erich Fromm tem toda razão quando afirma que o amor a si próprio é constitutivo do genuíno amor. Amar aos outros e amar a si próprio não se excluem, antes existe uma relação inclusiva entre ambos os amores. Narcisismo e egoísmo consistem no fechamento da pessoa sobre si mesma, na vivência de uma subjetividade fechada, dominadora e

---

86 Cf. Ibid., p. 122-125.

instrumentalizadora das outras pessoas[87]. Narcisismo/egoísmo nada tem a ver com o autêntico amor, e nada tem a ver com o amor de si próprio. A pessoa narcisista/egoísta, na afirmação de E. Fromm, não ama os outros e não ama a si mesma. A pessoa que ama os outros ama também a si mesma, e vice-versa[88].

Entretanto, esse processo dinâmico que leva do narcisismo infantil ao amor a si próprio e aos outros seres humanos concretos é lento e não resulta nada fácil. Seguindo a reflexão de Juan Luis Segundo que, fundamentado nas intuições básicas de Freud, estuda a passagem do egocentrismo para o amor, podemos verificar como se processa o início desta abertura[89].

O bebê tende, de modo instintivo, a satisfazer imediatamente suas necessidades, centrado que está no próprio corpo. Nesta etapa, o relacionamento com os objetos e as pessoas – no início bastante indiferenciados – é pautado simplesmente pelo próprio interesse. Entre os objetos do mundo exterior existem alguns, que são as pessoas, a exigir um relacionamento peculiar, distinto daquele desenvolvido em relação aos outros objetos. A criancinha vai logo percebendo esta diferença, pois as pessoas não reagem de maneira automática como os outros objetos. Dado que a criancinha precisa dessas pessoas, será necessário "conquistá-las" para que respondam, de maneira positiva, às suas necessidades. Necessidades materiais, sem dúvida; mas, não em menor grau, também necessidades de aconchego, de carinho, de aceitação... A criança realizará esta conquista da benevolência e do amor da mãe e dos adultos que cuidam dela utilizando uma variada série de recursos: sorrisos, gracinhas de diversos tipos, emissão dos primeiros sons da linguagem falada...

---

87 Para uma caracterização da subjetividade fechada, cf. GARCÍA RUBIO, A. *Evangelização e maturidade afetiva*. 3. ed. São Paulo: Paulinas, 2006, p. 35-39.

88 Cf. FROMM, E. *A arte de amar*. Belo Horizonte: Itatiaia, 1995, p. 73-80.

89 Cf. SEGUNDO, J.L. *Que mundo? Que homem? Que Deus?* São Paulo: Paulinas, 1995, p. 195-239.

A criancinha estaria, assim, dando o primeiro passo na sua abertura ao mundo da realidade. É assim que o *princípio da realidade* começa a se impor na evolução psíquica[90]. Contudo, essa abertura inicial aos outros ainda é utilitária, interesseira e egocêntrica. Notemos também que não é o "princípio da realidade", mas, sim, o "princípio do prazer" que impulsiona o dinamismo psíquico do ser humano, durante toda a sua vida. Por caminhos os mais variados, o ser humano busca a própria felicidade. A energia instintiva primária que impulsiona o viver do ser humano é a busca da felicidade. Assim, o "princípio do prazer" e o "princípio da realidade" não são opostos, como poderia parecer à primeira vista. Ao contrário, o "princípio da realidade", está a serviço do "princípio do prazer", "para que este último atue eficazmente"[91].

Situado numa perspectiva evolutiva, consciente de que a evolução não caminha dando saltos, acrescenta J.L. Segundo:

> acontece que, nos rodeios que o princípio da realidade obriga o princípio do prazer a fazer, no mundo exterior, este vislumbra satisfações inusitadas, com a condição de efetuar penosos rodeios. Ou, dito de outra maneira, descobre numerosas promessas de satisfações, ao mesmo tempo que as limitações que deve aceitar para consegui-las. Assim como o permanente perigo de perdê-las[92].

É assim que o ser humano vai caminhando para a sua maturidade psicoafetiva. E convém reafirmar que só lentamente a relação poderá amadurecer até levar a um verdadeiro interesse e cuidado real com as outras pessoas.

Conforme a análise que Segundo faz da obra de Freud, chega-se à conclusão de que para este só existe uma fonte da energia instintiva do ser humano, a saber, a *libido* (que viria a ser equivalente "ao amor no seu sentido mais amplo", sentido, sempre na interpretação segundiana, utilizado por Freud e não redutível à sexualidade).

---

90 Cf. Ibid., p. 204-207.

91 Ibid., p. 206.

92 Ibid., p. 206-207.

Assim sendo, toda a energia do ser humano seria proporcionada pela libido[93].

O que interessa, porém, sublinhar aqui, para o nosso objetivo, é que, a partir dessa fonte única de energia, o ser humano pode ser conduzido à sua desintegração como ser humano e, assim, à Morte. Isto acontece, quando a pessoa fica prisioneira do narcisismo e enredada na procura de *satisfações imediatas*. Mas, por outro lado, pode ser encaminhada para a Vida, para a realização da maturidade humana, se procurar concretizar sínteses mais ricas e mais difíceis. Então, conclui J.L. Segundo, a amor agápico (ágape) será o mesmo Eros "quando este se coloca a serviço da vida e da plenitude"[94].

Notemos bem que, em ambas as direções, o ser humano procura a felicidade, só que com resultados muito distintos. O primeiro tipo de "felicidade" (buscado na procura de satisfações imediatas, por meio da instrumentalização dos outros) conduz à autodestruição como ser humano, enquanto que o segundo tipo leva à Vida. Fica claro, assim, que a superação do narcisismo/egocentrismo infantil é necessária para a pessoa tornar-se amadurecida, enquanto o amor de si próprio, entendido como respeito, valorização e cuidado pela própria pessoa, deverá ser desenvolvido à medida em que o amor aos outros fica mais enriquecido. Certamente, o movimento contrário é igualmente necessário.

Chegados a este ponto da reflexão, surge logo a pergunta: como tudo isto está relacionado com a experiência religiosa, no nosso caso, com a experiência religiosa cristã? É o que será exposto, a seguir.

3 O desejo infantil de onipotência e a experiência religiosa

Conforme foi assinalado no item anterior, a criancinha, com a sua estrutura egocêntrica, totalmente centrada nela mesma, procura satisfações imediatas. Isto é algo próprio desta fase da vida humana.

---

93 Cf. Ibid., p. 215.

94 Cf. Ibid., p. 218.

O problema surge quando a criança vai crescendo, mas permanece nesse egocentrismo, prisioneira do desejo de onipotência e de fusão na totalidade materna, e continua pela vida afora, já adulta, instrumentalizando os outros para o próprio proveito, incapaz de se abrir aos outros seres humanos aceitos, reconhecidos e valorizados como "outros". Trata-se da pessoa não amadurecida, prisioneira da primeira fase da sua vida, vida do bebê que se considera o centro do universo, fechado no próprio eu. A pergunta é aqui inevitável: como poderá uma pessoa nessas condições viver uma autêntica experiência do Deus de Jesus Cristo, o Deus revelado como Ágape?

De fato, é fácil constatar o quanto está espalhado, em nossas comunidades eclesiais, certo tipo de infantilismo religioso, em contraste com a atitude de fé proposta pela revelação bíblico-cristã. Como poderá viver uma fé amadurecida a pessoa que está prisioneira de um psiquismo imaturo, do infantilismo, das ilusões e da mentira – normalmente inconscientes? Como poderá viver essa fé a pessoa que não superou, adequadamente, a problemática edipiana com os sentimentos de culpa que a acompanham?

Esta é uma realidade perturbadora. Contudo, resulta ainda mais perturbadora a constatação feita por Morano do fato de que não poucas pessoas – homens e mulheres – que assumem, de maneira bastante adulta, a realidade da vida cotidiana, das relações familiares ou de trabalho, das relações sociais e políticas continuam prisioneiras, na dimensão religiosa, de esquemas claramente infantis e alienantes[95]. Será que a religião é um campo privilegiado para a fuga e a alienação da realidade?

Será que o desejo infantil de onipotência encontraria na religião um espaço de perpetuação a impedir o ser humano de aceitar a dureza da realidade, e favorecendo, assim, o viver na ilusão e no autoengano? Ou então se trataria, no âmbito da religião, de uma projeção em Deus-Pai do sentimento de onipotência com os correspondentes sentimentos de culpa? Certamente, assim pensava Freud

---

95 Cf. MORANO, C.D. *Crer depois de Freud*. Op. cit., p. 128.

e pensam ainda hoje muitos psicanalistas. Para eles, a autonomia do ser humano exige a superação da experiência religiosa.

Contudo, são também numerosos aqueles psicanalistas que não veem contradição entre o desenvolvimento da autonomia pessoal e a experiência religiosa. Sem dúvida, aqui é indispensável avaliar a *qualidade* da experiência religiosa. Deve-se reconhecer que a experiência religiosa é ambígua. Ela tanto pode ser libertadora e potencializadora de uma identidade pessoal sadia e amadurecida quanto pode atuar como destruidora dessa identidade. Quer dizer, a experiência religiosa pode ser patológica ou pode ser sadia[96].

Suposta a realidade da ambiguidade inerente à experiência religiosa, convém agora, dando um novo passo na reflexão, analisar a possível relação existente entre a experiência de Deus e o desejo infantil de onipotência próprio das duas primeiras fases da evolução psicoafetiva da criança. Sigo, também aqui, a exposição de Morano[97].

O bebê, conforme assinalamos, precisa romper com o fascínio provocado pela totalidade indistinta e indeterminada representada pela mãe. No entanto, isto não significa que o desejo de totalidade chegue a morrer no ser humano. Ao contrário, o anseio de totalidade fusional perdura pela vida afora, constituindo um alicerce fundamental que torna possível todo encontro pessoal. Persiste no ser humano a aspiração para a fusão na totalidade, mas, agora, confrontado com a realidade assumida de que não é e não possui essa totalidade. No entanto, essa experiência de fusão com a totalidade representada pela mãe constitui fundamento necessário para o desenvolvimento futuro de uma afetividade amadurecida.

---

96 Cf. MORANO, C.D. *Experiencia cristiana y psicoanálisis*. Op. cit., p. 155ss. Morano, neste texto, escolhe três tipos de experiência religiosa, nos quais se evidencia claramente a ambiguidade. Os tipos são: a pessoa fanática, em conexão com o fundamentalismo; a pessoa do iluminado, pseudomística; e a pessoa que vive uma atitude farisaica, legalista. O autor vai mostrando como em cada um desses tipos se encontra o lado patológico de uma experiência religiosa que, por outro lado, pode ser sadia, orientando e ajudando o processo de maturidade da pessoa. Cf. p. 158-168.

97 Cf. MORANO, C.D. *Crer depois de Freud*. Op. cit., p. 117-139.

Aqui surge a pergunta: o desejo do Todo transcendente, ao qual chamamos Deus, não se encontrará também enraizado na realidade desse desejo, dessa fome de totalidade e de fusão?

A resposta de Morano é afirmativa: o desejo de fusão na totalidade parece ser também o alicerce necessário para uma genuína experiência religiosa. Em outras palavras: a experiência religiosa que procura a comunhão-fusão-união com o divino – experiência mística – estaria enraizada no psiquismo humano próprio da primeira fase da vida do bebê. A oração chamada mística parece estar igualmente enraizada nesta aspiração à fusão com a totalidade.

Como já demonstrado, o desejo de fusão na totalidade constitui apenas uma primeira experiência que deverá ser superada por um outro estágio, representado pelo aparecimento da lei (figura do pai), que comporta a limitação do desejo onipotente e ilimitado. Todavia, a renúncia à onipotência que a figura do pai impõe à criança não significa o desaparecimento do desejo de onipotência. Este desejo é projetado no pai: é ele que é visto como onipotente! Este estágio também deverá ser superado, ou seja, o pai deverá ser visto e aceito com suas limitações (morte do pai ideal), para que a criança possa amadurecer no processo psicoafetivo. Para que alguém se encontre realmente com outras pessoas, é necessária a superação desse sentimento infantil de onipotência, ou seja, é necessária a aceitação dos próprios limites e a aceitação de "outros", também limitados, percebidos e aceitos como distintos do próprio "eu".

Este segundo estágio parece ser igualmente necessário para fundamentar a experiência religiosa. Ele seria o alicerce da experiência de Deus de tipo *profético* e da experiência de oração que lhe é correspondente.

Simplificando muito, diríamos que o estágio da fusão na totalidade materna fundamentaria a experiência de Deus – e, concomitantemente, a oração – de tipo *místico*; enquanto o estágio da percepção da limitação – representada pelo pai – seria o alicerce da experiência de tipo profético e da oração correspondente. Mas, pode acontecer que não se desenvolvam adequadamente estes estágios psicoafetivos próprios da criancinha. Já foi visto acima o quanto serão graves as consequências para a evolução ulterior da afetividade da criança, quando não se desenvolvem adequadamente estes estágios psicoafetivos da primeira infância.

Então, pode se perguntar: o que acontece, no nível religioso, quando a criança fica prisioneira do estágio da fusão na totalidade materna? Se a problemática própria do estágio de desejo fusional na totalidade representada pela mãe não for solucionada, a pessoa, muito provavelmente, tenderá a se relacionar com um Deus providente cujo poder estaria sempre a serviço do crente, para defender seus interesses e satisfazer seus desejos, alimentando, destarte, o narcisismo infantil[98]. Esta pessoa facilmente confundirá Deus com a envolvente e aconchegante totalidade materna. Cabe aqui acenar para a realidade do enorme egoísmo vivido e expresso em forma de orações de petição por não poucas pessoas religiosas.

Por outro lado, o que acontece, no nível religioso, quando a criança não supera o estágio da relação-conflito com a figura do pai e com a lei que ele representa? Quando já adulta em idade, facilmente acabará projetando em Deus o sentimento infantil de onipotência, que leva consigo uma perturbadora, conflituosa e ambivalente experiência: amparo, apoio, segurança, por um lado, e medo, revolta e sentimento de culpa, por outro.

Essa pessoa tenderá a ver Deus como o absoluto todo poderoso e onisciente. Desenvolve-se, assim, a imagem de um Deus legislador e juiz implacável, legitimador do poder constituído ou do poder que deve ser instaurado. Morano descreve este quadro, com as seguintes palavras:

> Porque o absoluto é o que respalda e legitima, não é tolerável o relativo; porque é o total, não é tolerável o fragmentário: não há lugar para o diferente nem é admissível a dissidência. Por isso, o Deus onipotente é um Deus de bota e guerra, de inquisição e fogueira, de ortodoxias e excomunhões. É o substituto perfeito e aliado da nossa vontade de domínio[99].

---

98 Cf. Ibid., p. 119-122.

99 Ibid., p. 138.

Trata-se, nestas condições, de um Deus que exige total submissão, mas que, ao mesmo tempo, gera revolta, pois ele é tudo e eu não sou nada! Esta é a imagem de Deus contra o qual se insurge grande parte do ateísmo moderno, pois implica que, para o ser humano poder crescer, Deus deve morrer! É a imagem de Deus que suscita os sentimentos de culpa que acabam dominando todo o campo da experiência religiosa.

Convém ressaltar bem a ambivalência da situação em ambos os estágios. Por um lado, o desejo de fusão e de comunhão com o divino faz parte de uma genuína experiência religiosa. Mas, por outro, quando a criança não consegue a separação da totalidade fusional representada pela mãe, acabará enredada mais tarde, na sua religiosidade, em relações infantis com um deus "quebra-galho" e "tapa-buraco".

Também há ambivalência no segundo estágio. Isto é, faz parte da experiência religiosa adulta o "encontro" com o Deus que interpela a nossa liberdade e suscita o compromisso ético no coração da ambiguidade da história e da vida pessoal de cada ser humano. Entretanto, se a criança ficar prisioneira deste estágio, acabará vivendo, já adulta, uma religiosidade pautada pelo medo, pela ausência de liberdade e pelo sentimento de culpa[100].

Em ambos os casos, é fácil perceber que essas experiências religiosas não constituem um encontro vivo com o Deus da revelação bíblica. Na realidade, elas são um obstáculo ao desenvolvimento de uma experiência amadurecida de Deus.

4 O encontro adulto com o Deus da revelação bíblica

A experiência do encontro com o Deus da revelação bíblica está enraizada também na estrutura psicoafetiva primeira do ser humano. Em uma visão integrada do ser humano, esta afirmação não apresenta dificuldade para ser aceita. Mas, então, como distinguir uma experiência alienante e infantil de Deus de uma experiência adulta, amadurecida, uma vez que ambas se encontram enraizadas

---

100 Cf. Ibid., p. 140-169.

no mais profundo da realidade psicoafetiva do ser humano? No item anterior, já foram apresentados dados que podem responder a esta pergunta no nível psicanalítico. Procurarei responder à pergunta, situando-me agora no nível da reflexão teológica.

4.1 A tentação constante da idolatria

Não há dúvida de que é muito real o perigo de se criar um Deus à nossa imagem, como mera resposta às nossas necessidades. A tentação da idolatria sempre está presente na caminhada religiosa do ser humano[101]. Para a finalidade deste trabalho, interessa chamar a atenção para a tentação de imaginar Deus como a totalidade materna, como providência envolvente que cuida e defende todos os interesses do crente, até mesmo os mais egoístas. Trata-se de uma imagem de Deus que é uma projeção dos desejos infantis não superados pelo ser humano, uma imagem construída a serviço do narcisismo infantil, do desejo de onipotência vinculado ao desejo de fusão na totalidade. Igualmente, é necessário ressaltar a realidade da tentação de imaginar Deus como o grande pai, um Deus projeção do desejo de onipotência que oferece segurança e cuidados paternos, mas, ao mesmo tempo, suscita ódio, revolta e sentimento de culpa.

Devemos reconhecer que, na experiência religiosa cristã, a pessoa pode ficar prisioneira dessas duas imagens de Deus, que a psicanálise freudiana tem criticado duramente. Prisioneira, em definitivo, da idolatria.

Um grande desafio levantado por essas imagens de Deus consiste no fato de que encontram seu sustentáculo profundo na realidade psicoafetiva do ser humano. Daí a enorme força que estas tendências regressivas contêm. Que a experiência religiosa cristã pode ser vivida da maneira descrita por Freud, é uma possibilidade que deve ser aceita honestamente; possibilidade que se torna realidade, segundo parece, de maneira nada infrequente nas comunidades cristãs.

---

101 Sobre o perigo constante da idolatria cf. GARCÍA RUBIO, A. *Evangelização e maturidade afetiva.* Op. cit., p. 18-21 e 178-179.

Entretanto, não é nada legítimo passar dessa constatação à afirmação de que toda experiência religiosa seria uma ilusão ou uma projeção regressiva dos desejos de onipotência e de segurança, presentes na primeira ou na segunda fase da evolução psicoafetiva da criança. Neste caso, deparamo-nos, claramente, com uma extrapolação que nada tem de científica, uma vez que, conforme será mostrado a seguir, a experiência de Deus pode ser vivida de maneira livre e libertadora, profundamente humanizadora.

4.2 Do fantasma da regressão infantil ao símbolo aberto ao futuro

Para aprofundar um pouco mais o tema da tentação idolátrica, convém perguntar: a imagem que formamos de Deus é, realmente, um *símbolo*, que corresponde às imagens modelares que a revelação bíblica faz de Deus?

Sabido é que uma cultura penetrada de racionalismo tende a desvalorizar o símbolo. Para o racionalismo antigo e moderno o símbolo é apenas uma imagem a serviço da ideia/razão. Nesta perspectiva, o ser humano define-se pela razão[102].

Na antropologia atual, porém, o símbolo é visto como uma realidade inerente, fundamental, ao ser humano, que é um ser *simbólico*. Sabe-se que o símbolo pertence ao domínio afetivo-volitivo, préconceitual e atemático. Ele *expressa* desejos, instintos e pulsões que emergem das raízes mais profundas do ser humano (a psicanálise tem mostrado isto). Constitui expressão dessa riqueza instintiva e impulsiona o dinamismo emocional da pessoa. Mediante a expressão certamente corpórea, os desejos e instintos profundos recebem especificação humana. Daí a necessidade da expressão para que se clarifique e tome forma aquilo que, na interioridade da pessoa, era indistinto, confuso e indeterminado[103].

---

102 Sobre a verdadeira e a falsa racionalidade cf. MORIN, E. *Os sete saberes necessários à educação do futuro*. Op. cit., p. 22-24 e 43-46.

103 Cf. GARCÍA RUBIO, A. *Unidade na pluralidade* – O ser humano à luz da fé e da reflexão cristãs. Op. cit., p. 587ss.

Em conformidade com essa valorização do símbolo, a antropologia cristã percebe a existência, no nível mais profundo do ser criado, de uma dimensão simbólico-sacramental, que orienta para a presença amorosa de Deus criador-salvador.

Nesta perspectiva de revalorização do simbólico, convém ressaltar o significado e a importância da *imagem*. Sabemos que a imagem é necessária, como mediação de toda e qualquer relação pessoal. Todavia, o que acontece no dia a dia é que a pessoa imatura tende a confundir a representação que faz da outra pessoa com a pessoa representada. E acaba sacrificando sua realidade em nome da representação. Contudo, a pessoa mais amadurecida não confunde a imagem, sempre relativa, com a pessoa da qual faz uma imagem. É capaz de modificar esta representação sempre que a pessoa se revela distinta dela. Mais ainda, sabe que nenhuma imagem é capaz de definir plenamente a outra pessoa, porque seu mistério está além de qualquer imagem de que dela possa ser feita.

Algo semelhante acontece com as imagens utilizadas para o encontro pessoal com Deus. É interessante constatar como, no Antigo Testamento, por um lado, são proibidas as imagens, pois há sempre o perigo de absolutizá-las, tornando-se, assim, idolátricas. Por outro lado, porém, a mesma Sagrada Escritura apresenta uma rica variedade de imagens para expressar a relação com Deus.

Na relação com Deus, a imagem é necessária como mediação do encontro *pessoal* com Ele. Evidentemente, estou me referindo ao encontro com o Deus da revelação bíblico-cristã, um Deus com características pessoais. Pois bem, a pessoa imatura tende a confundir a imagem que faz de Deus com a realidade de Deus. Isto, como já indicado, é idolatria. A grande tradição eclesial, lembra Andrés Torres Queiruga, teve consciência de que as imagens que formamos sobre Deus de modo algum pretendem definir o ser de Deus, expressando esta realidade mediante a *analogia entis* e, especialmente, mediante a teologia *apofática*[104].

---

104 TORRES QUEIRUGA, A. *Creio em Deus Pai* – O Deus de Jesus como afirmação plena do humano. Op. cit., p. 103-105.

Referindo-se, mais concretamente, à imagem do pai aplicada a Deus – a famosa projeção em Deus do desejo infantil de onipotência –, o mesmo Queiruga, fundamentado em Paul Ricoeur, sublinha que, em vez de implicar uma regressão na direção do inconsciente infantil com o seu fantasma paterno, essa imagem do pai pode muito bem ser vivenciada como um *símbolo*, capaz de estimular um poderoso dinamismo em direção a um futuro de maior amadurecimento da pessoa. Apoiando-nos, portanto, no que foi afirmado acima sobre o poderoso influxo do símbolo, a imagem do pai não tem, necessariamente, que encaminhar-se para a regressão infantil. Antes, pode muito bem orientar para a autonomia e a responsabilidade do adulto. E como conclui Queiruga: "Então os fantasmas infantis, longe de dominar e impor a regressão, podem ser assumidos dinamicamente na liberdade aberta pelo símbolo"[105].

A imagem do pai é, assim, ambivalente. É bom tomar consciência da realidade da tentação da regressão infantil que ela comporta. Mas, é igualmente necessário perceber seu caráter simbólico, indicando abertura à esperança, ao compromisso e à autonomia própria da pessoa amadurecida.

A mesma coisa acontece com a representação de um Deus Mãe a nos envolver com sua ternura e seu cuidado materno. Não há dúvida de que, infelizmente, a pessoa pode ficar enredada na primeira fase da sua evolução psicoafetiva, projetando em Deus o desejo de fusão na totalidade e de onipotência e mantendo, assim, o infantilismo religioso.

Entretanto, se a pessoa tiver superado essa fase narcisista e também a fase de projeção no pai do desejo de onipotência, poderá viver a relação com Deus de maneira livre, assumindo os compromissos que essa relação pessoal leva consigo. Poderá abrir-se ao amor incondicional desse Deus-Ágape, que nos ama com amor infinito para além de qualquer merecimento da nossa parte bem como acolher esse amor com um coração agradecido. Poderá viver a experiência

---

105 Ibid., p. 109.

mística do encontro com Deus; um encontro vivido na alteridade, na aceitação de Deus como Deus, no respeito à sua transcendência. Mas é uma transcendência experimentada, ao mesmo tempo, no máximo da imanência, no coração do cotidiano. Não se deve esquecer que a distância entre a criatura e o Criador não é superada na experiência mística da pessoa amadurecida na fé. Não é Deus quem deve acomodar-se ao desejo humano, desejo narcisista da pessoa que não amadureceu. Ao contrário, é o ser humano que acolhe, que se abre ao amor surpreendente, imprevisível e desconcertante desse Deus. A vida dos místicos mostra isso, claramente.

O desejo humano de unir-se a Deus permanece, sempre enraizado nas primeiras fases da evolução psicoafetiva da criança, mas a capacidade e o critério da união e da comunhão vem de Deus, não do desejo humano. Vem do amor, da graça de Deus, diremos, utilizando a nomenclatura teológica clássica. É fato que no ser humano existe a *possibilidade* dessa comunhão, mas ela só pode ser efetivada pelo dom de Deus, pelo que a tradição conhece como o *sobrenatural*. Na estrutura fundamental do ser humano, em sua abertura ao transcendente, existe a possibilidade real de acolher a graça de Deus (autocomunicação de Deus)[106].

A revelação bíblica de maneira alguma orienta para a fantasia e para o sonho ou, então, para a projeção em Deus da imagem infantil ambivalente do pai onipotente. Ao contrário, aponta claramente para a necessidade da abertura à novidade da sua revelação. Aponta para uma profunda união-comunhão, mas oferecida por Ele com total gratuidade. Ao mesmo tempo, a abertura à experiência deste Deus implica o compromisso com a justiça e com o amor efetivo, vivido nas distintas circunstâncias próprias da história humana. Em resumo, importa muito distinguir o *fantasma* do Deus, projeção do desejo infantil de onipotência, do *símbolo*, que, como já assinalado acima, dinamiza o interior do ser humano.

---

106 Sobre a superação do dualismo entre natural e sobrenatural, cf. GARCÍA RUBIO, A. *Unidade na pluralidade* – O ser humano à luz da fé e da reflexão cristãs. Op. cit., p. 272-277, com a bibliografia indicada nas notas.

Finalizando esta reflexão, convém voltar às considerações feitas por J.L. Segundo a que me referi no item 3. Essa abertura adulta a Deus e aos compromissos éticos não elimina o amor a si mesmo. A afirmação bíblica "ama o teu próximo como o ti mesmo" (Lv 19,18), retomada por Jesus nos evangelhos (Mt 22,39 e paral.), pode ser iluminada pela psicanálise. Amar a si mesmo não é algo secundário do qual se pode prescindir impunemente, mas trata-se de uma realidade constitutiva do ser humano. Como faz notar o mesmo J.L. Segundo, não se trata de deixar de amar a si próprio para amar ao próximo. Ao contrário, "é necessário amar o próximo *como a si mesmo. Não em lugar de si mesmo*"[107].

4.3 A necessária articulação entre o místico e o profético

Nessa perspectiva de valorização do símbolo, que dinamiza o ser humano para a abertura ao futuro, superando a tentação do fantasma da regressão infantil, podemos entender melhor a importância das dimensões mística e profética próprias de uma vivência religiosa adulta. Certamente, elas fazem parte do encontro com o Deus da revelação bíblica. Ambas deveriam estar unidas, complementando-se e corrigindo-se mutuamente.

Para ajudar na clarificação dessa questão, pode ser interessante lembrar aqui a existência, no Antigo Testamento, de duas tradições hermenêuticas a respeito da fé em Deus criador-salvador: tradição *proclamativa* e tradição *manifestativa*. Ambas fazem parte da revelação contida no Antigo Testamento. Ambas se corrigem e se complementam mutuamente. Não são excludentes. A tradição manifestativa ressalta a importância da *comunhão* do ser humano com as outras criaturas, com o cosmo. A salvação do ser humano e a salvação do cosmo estão inseparavelmente unidas. Nesta tradição, é acentuada, como prioritária, a atitude de participação e de comunhão com as outras criaturas. E, assim, o encontro com o Deus salvador é vivido na inserção e na participação sábia no cosmo. Por outro lado, a tra-

---

107 SEGUNDO, J.L. *Que mundo? Que homem? Que Deus?* Op. cit., p. 211.

dição proclamativa coloca a salvação do ser humano na história, no compromisso histórico, no compromisso ético com a justiça e com o amor efetivo. O encontro com o Deus criador-salvador dá-se, então, predominantemente, no compromisso ético, assumindo a responsabilidade diante da história e do mundo criado[108].

Pois bem, no ser humano, a psicanálise descobre, no nível psicoafetivo mais originário, as condições que tornam possível a experiência de comunhão com Deus e com os seres criados – dimensão mística (tradição hermenêutica manifestativa) –, como também a experiência do encontro com o Deus que interpela e compromete na responsabilidade diante do mundo criado pelo amor de Deus e diante da história orientada de maneira realmente humana – dimensão profética (tradição hermenêutica proclamativa).

Estas dimensões da religião bíblico-cristã, mística e profética, ambas necessárias para a experiência do encontro com o Deus bíblico, estão mutuamente relacionadas de maneira inclusiva e nunca de forma excludente.

Enraizadas na psique do ser humano, ambas podem e devem ser vivenciadas de maneira adulta, amadurecida. A pessoa religiosa não tem porque ficar prisioneira do infantilismo religioso, da alienação, da ilusão e do medo e prisioneira, em definitivo, de um falso Deus, da idolatria.

4.4 Ulterior caracterização da experiência do encontro com o Deus da revelação bíblica

Que a experiência do encontro com o Deus da revelação bíblica supõe um substrato antropológico psicoafetivo em processo de maturação é algo que já deve ter ficado claro pelas reflexões anteriores. Todavia, dada a importância do tema, não é demais reforçá-lo, lembrando alguns outros aspectos que caracterizam essa experiência. Trata-se de aspectos básicos que já têm sido muito estudados. Por

---

108 Cf. GARCÍA RUBIO, A. *Unidade na pluralidade* – O ser humano à luz da fé e da reflexão cristãs. Op. cit., p. 545-547. • BUCHANAN, J. "Criação e cosmos – A simbólica da proclamação e da participação". In: *Concilium*, 186, 1983, p. 51-60.

isso, limitar-nos-emos a acenar para os pontos fundamentais, sem maiores explicações.

a) No Antigo Testamento, deparamo-nos com a revelação do Deus que salva, que oferece a salvação vista de modos variados, mas que constitui sempre a experiência básica de Israel[109]. Evidentemente, isto supõe que o ser humano se encontra em uma situação de não salvação da qual ele é incapaz de se libertar pelas próprias forças. É o Deus salvador quem mostra em que consiste a salvação e quem capacita a sua vivência. Naturalmente, a compreensão do conteúdo dessa salvação muda conforme as circunstâncias e o processo de amadurecimento na assimilação da proposta de Deus. Todavia, em qualquer experiência de salvação está sempre presente a realidade do dom oferecido por Deus e o apelo à resposta da aceitação-abertura que o ser humano é chamado a vivenciar, pois não se trata de uma salvação imposta.

Lentamente, vai emergindo, junto com essa revelação de um Deus salvador não impositivo e não dominador, uma imagem do ser humano chamado a crescer como ser humano, a crescer até o ponto de estabelecer com o Deus da salvação um diálogo-encontro que supõe algo de maturidade psicoafetiva, apontada anteriormente. O Deus da eleição solicita a resposta do povo e de cada ser humano e capacita para essa resposta, na liberdade. É o Deus da aliança, na versão deuteronomista da salvação, que implica o compromisso do povo e de cada indivíduo com o cumprimento da Torá e com a realização do autêntico culto a Jahweh. É o Deus dos profetas – tradição proclamativa – que interpela para o compromisso concreto com a justiça e o amor efetivo. É o Deus da literatura sapiencial – tradição de orientação prevalecentemente manifestativa –, que orienta para uma comunhão com o mundo criado por sua bondade e amor.

O povo de Israel e cada ser humano são chamados a viver a experiência do Deus que ama com entranhas maternas (cf. Is 49,15;

---

109 Sobre a experiência da salvação vivida por Israel, conforme os diferentes escritos do Antigo Testamento, cf. GARCÍA RUBIO, A. *Unidade na pluralidade* – O ser humano à luz da fé e da reflexão cristãs. Op. cit., p. 118-144.

66,12-13...), com um amor misericordioso do esposo para com a esposa infiel (cf. Os 1-3; Ez 16...). O acolhimento desse amor instaura no ser humano um princípio novo, dinâmico, impulsionando para o compromisso com a causa da justiça e para viver algo de amor efetivo em relação aos outros seres humanos e de cuidado e atenção reverentes diante de toda criatura.

Ainda no Antigo Testamento, em conexão com a experiência do Deus Salvador, deparamo-nos com a revelação do Deus Criador. A criação, aqui, é vista como o primeiro gesto do amor salvífico de Deus. O ser humano é criatura, como são criaturas também os outros seres do mundo; ele é chamado a viver a experiência da comunhão com as outras criaturas e com o Deus criador. Diante do dom da criação, o ser humano vive a resposta do louvor e do agradecimento, no extremo oposto da atitude arrogante depredadora do meio ambiente.

Criatura como os demais seres, o ser humano – homem e mulher – é, por outro lado, distinto das outras criaturas, porque é criado "à imagem de Deus" (cf. Gn 1,26-28), isto é, o ser humano é chamado a *responder* à interpelação de Deus (existência dialógica), que o torna responsável do desenrolar da história do povo e do indivíduo, bem como do desenvolvimento de relações ecológicas.

Na criação, aparece explicitado o projeto de Deus para a humanização do ser humano, para a sua realização e para a sua felicidade: relação confiante e amorosa com o Deus que suscita a vida; relação dialógica, pautada pela concreta reciprocidade e solidariedade entre os seres humanos nos distintos níveis; relação cuidadosa e responsável diante do mundo criado pela bondade e o amor de Deus; relação verdadeira com o próprio ser interior, longe de máscaras e de mentiras a respeito da própria realidade[110].

b) No *Novo Testamento*, é central a afirmação de que a atuação salvífica de Deus realiza-se mediante Jesus Cristo. Nele encontramos a imagem perfeita de Deus (cf. Cl 1,15), o modelo vivo do que significa a humanização do ser humano. Com efeito, ele é o modelo da relação profunda com um Deus invocado como *Abbá*, o modelo

---

110 Cf. WOLFF, H.W. *Antropologia do Antigo Testamento*. São Paulo: Loyola, 1975, p. 130-131. • GARCÍA RUBIO, A. *Unidade na pluralidade* – O ser humano à luz da fé e da reflexão cristãs. Op. cit., p. 160-164.

do serviço autêntico que promove o crescimento do outro na sua vocação pessoal, longe de toda dominação e de toda superproteção, o modelo de homem integrado, vivendo uma afetividade amadurecida; homem capaz de relacionar-se de maneira responsável com a história e com o cosmo, e de encarar a própria verdade com sinceridade e verdade.

É na conformidade com Cristo, o homem autêntico, com o caminho por ele percorrido e identificado com o seu Espírito, que o ser humano vai crescendo e amadurecendo na fé. Este processo situa-se no polo oposto da experiência infantil de Deus. De fato, o projeto de humanização do ser humano, em conformidade com Jesus Cristo, orienta para uma existência dialógica dinamizada pela experiência de uma confiança filial, que nada tem a ver com a projeção em Deus do desejo infantil de onipotência. Orienta, inseparavelmente, para a vivência do amor-serviço e da solidariedade em relação com os irmãos e irmãs concretos. Interpela a vivência de uma relação responsável e livre com o mundo criado por Deus.

Note-se que o ser humano tanto é capaz de acolher o dom do amor gratuito de Deus quanto de rejeitá-lo, pois é um ser chamado a se decidir na sua liberdade; chamado a tornar-se um "novo homem", em conformidade com Jesus Cristo, homem novo libertado para viver a liberdade para amar; aberto à realidade comunitária, social, política e também ecológica, sendo capaz de articular fecundamente uma relação contemplativa com a utilização responsável dos recursos do meio ambiente[111].

Bastam estas breves pinceladas, para concluirmos que o encontro vivo com o Deus revelado mediante Jesus Cristo é uma experiência que só é possível para pessoas com um mínimo de maturidade psicoafetiva.

---

111 Sobre a proposta neotestamentária de humanização, cf. GARCÍA RUBIO, A. *Unidade na pluralidade* – O ser humano à luz da fé e da reflexão cristãs. Op. cit., cap. 4, esp. p. 200ss.

5 Para uma fé amadurecida: implicações pastorais

1) Viver a experiência do encontro com o Deus da revelação bíblica comporta, como visto acima, a articulação entre as dimensões mística e profética dessa experiência. Pois bem, essa articulação revela-se, hoje, bastante deficiente. O influxo do dualismo antropológico continua fazendo estragos na espiritualidade e no trabalho pastoral. Assim, em nome da oração e da comunhão com o divino, alguns desvalorizam os compromissos sociopolíticos em prol da justiça e da superação de situações e estruturas opressoras. Outros, ao contrário, em nome do compromisso pela justiça acabam desvalorizando ou deixando de lado a dimensão mística da experiência de Deus. Na Igreja do Brasil, temos uma triste experiência do quanto resulta empobrecedora a aplicação dessas relações de exclusão.

Uma vez que, para uma experiência amadurecida da fé bíblica, é necessária a união entre o místico e o profético, entre o contemplativo e o compromisso ético com a justiça e com o amor efetivo, segue-se que tudo quanto for feito, na espiritualidade, no trabalho pastoral e na reflexão teológica, para desenvolver – de modo teórico e prático – a visão integrada do ser humano, vai contribuir decididamente com o processo de articulação entre essas duas dimensões da experiência bíblico-cristã e, ao mesmo tempo, com o processo de amadurecimento da fé.

2) Nos últimos anos, são muitos aqueles que, na Igreja do Brasil, parecem atribuir uma acentuada prioridade à pastoral voltada para as grandes multidões. Priorizar o quantitativo na pastoral parece tomar conta de não poucos agentes de pastoral, hoje. A pressão de outras denominações religiosas, com forte impacto popular, atraindo mais e mais adeptos, parece justificar esse tipo de preocupação prioritária. Acresce a persistente permanência, em não poucos ambientes da Igreja, da mentalidade de Cristandade, preocupada sobretudo com a quantidade de fiéis, para possibilitar que a salvação chegue ao maior número possível de pessoas[112]. De fato, a preocupação com a

---

112 Cf. as reflexões sempre atuais de J.L. Segundo: *Esa comunidad llamada Iglesia*. Op. cit., p. 121ss. • *Massas e minorias na dialética divina da libertação*. São Paulo: Loyola, 1975.

formação de pequenas comunidades eclesiais – a serviço do trabalho lento de amadurecimento na fé -- não parece estar no centro de interesse pastoral de muitas de nossas comunidades eclesiais.

É verdade que a pastoral de comunidades tem sofrido, ultimamente, uma crise, pois a modalidade predominante entre nós, a das CEBs, orientada para o compromisso social e político, parece que tem descuidado o polo subjetivo da experiência da fé cristã. A dimensão afetivo-sacramental da fé nem sempre tem sido articulada de maneira satisfatória com a urgência dos compromissos no campo social e político. Esta autocrítica da pastoral de comunidades é necessária, sem dúvida. Também essa pastoral deverá estar alerta à tentação do unilateralismo dualista. Mas isto não significa que ela deva ficar relegada a um segundo plano, nas preocupações pastorais da Igreja atual[113], porque continua sendo de importância fundamental para o amadurecimento da fé no cristão.

Com estas observações, evidentemente, não se pretende defender um dualismo estéril entre uma pastoral voltada para as multidões e a pastoral de pequenas comunidades eclesiais. A importância das concentrações do povo cristão nunca deveria ser desvalorizada, pois comporta uma afirmação da própria identidade religiosa no meio de um crescente pluralismo de ofertas religiosas e de outra índole. Acresce a grande riqueza da expressividade religiosa, simbólico-afetiva, vivida normalmente nessas concentrações.

A ação pastoral voltada para a multidão é necessária e deve ser desenvolvida, mas deverá estar alerta, tanto quanto a pastoral voltada para as comunidades, à tentação do unilateralismo dualista. Sem dúvida, a utilização do meio sociocultural para a transmissão da fé é fundamental para a pastoral voltada à multidão. Obviamente, isto só tem validade na medida em que, de fato, existe esse meio sociocultural com a homogeneidade necessária para essa transmissão.

---

113 Sobre essa problemática, cf. as observações de AMADO, J.P. "Experiência eclesial em mundo urbano: pressupostos e concretizações (2ª parte)". In: *Atualidade Teológica*, 9, 2001, p. 153-167; aqui p. 158-160.

Este pressuposto não está tão claro como alguns acreditam, pois a homogeneidade própria da Cristandade está desaparecendo com bastante rapidez, sendo substituída por uma pluralidade crescente de propostas e de mensagens, religiosas ou não, que se apresentam como alternativas à busca de sentido para a vida humana.

Em todo caso, tentar transmitir a mensagem e os valores cristãos utilizando a mediação do mundo sociocultural continua ainda a ser uma necessidade pastoral, mas deveria, sempre, estar complementada e criticada pela pastoral de comunidades. A fé cristã tem uma dimensão comunitária básica, inalienável. Assim, a pastoral de multidões deveria estar orientada também para a necessidade da vivência comunitária eclesial[114].

Trata-se, também aqui, de articular, de maneira inclusiva, a dimensão subjetiva e a dimensão de compromisso sociopolítico. A pastoral voltada para as multidões e a pastoral de pequenas comunidades não têm porque se excluírem; antes, é necessária uma relação de complementação e crítica. E, convém insistir novamente, a visão integrada do ser humano é indispensável como suporte no desenvolvimento deste processo todo.

Em uma perspectiva de integração, a pastoral nunca deveria descuidar a criação e o desenvolvimento de pequenas comunidades eclesiais capazes de viver a evangelização (dentro e fora da comunidade), o serviço (ao contexto concreto em que está inserida a comunidade), a comunhão fraterna (entre os membros da comunidade) e a celebração (da Palavra e da Eucaristia); comunidades entendidas como sal e fermento, atentas à transparência da significação e articuladas com o povo em geral. Certamente, a preocupação com a quantidade não é prioritária nesta ação pastoral. O prioritário é a transparência da significação; é que a comunidade seja, de fato, no concreto das situações, sinal do amor de Deus e da fraternidade entre os seres humanos (cf. LG, n. 1)[115].

---

114 Cf. Ibid.

115 Sobre este tema, continuam a ser muito elucidativas as reflexões de SEGUNDO, J.L. *Esa comunidad llamada Iglesia*. Op. cit., p. 129-132.

3) Reunir-se em pequenos grupos, contudo, não constitui uma resposta mágica para solucionar o desafio da imaturidade da fé. É fácil perceber que, em grupos e movimentos de Igreja que se reúnem periodicamente, no que parecem ser pequenas comunidades eclesiais, existe um palavreado que expressa emoções e sentimentos belíssimos e grandiosos, mas que está frequentemente unido à vivência de muita rivalidade, ciúmes, inveja, indicando o quanto é imatura a evolução psicoafetiva de muitos membros desses grupos e movimentos. Disso se deduz o quanto é necessário o trabalho lento e paciente de formação e desenvolvimento de pequenas comunidades que *sejam mesmo comunidades* (ao menos, de maneira inicial), nas quais sejam possíveis a relação pessoal, a expressão afetiva, o diálogo e a interpelação e onde possam ser trabalhadas possíveis divergências, tensões, competições etc.

No âmbito das pequenas comunidades é possível receber importante ajuda na caminhada para a maturidade, a serviço, por sua vez, de uma experiência de fé mais amadurecida. Mas, convém notar bem, importa desenvolver comunidades reais, do ponto de vista antropológico. Assim, pode-se afirmar que a comunicação intelectual não é suficiente para formar uma comunidade. É indispensável algo de comunicação pela sensibilidade, pelo afeto[116].

Isto não significa que a pessoa psiquicamente imatura e, ao mesmo tempo, imatura na fé não deva ser ajudada no âmbito religioso-eclesial. Evidente que esta pessoa deverá ser ajudada, com a pedagogia adequada, a superar essa situação de imaturidade. O que pastoralmente nunca deveria ocorrer é a *sacralização* de comportamentos e atitudes infantis, ilusórios e alienantes, confundidos com espiritualidades de vários tipos. Isto não pode ser um serviço prestado à pessoa imatura. Nessa pedagogia, essencial é não esquecer a correlação existente entre a imaturidade psicoafetiva e a imaturidade na vivência da fé. Certamente, existe na Igreja, desde o tempo das primeiras comunidades cristãs, uma pedagogia para ajudar o

---

116 Sobre a comunidade real, cf. GARCÍA RUBIO, A. *Evangelização e maturidade afetiva*. Op. cit., p. 217-235. Voltarei sobre este tema no cap. 5.

desabrochar de uma fé amadurecida. Desenvolver e atualizar essa pedagogia continuam sendo uma prioridade da Igreja atual.

Cuidado especial merece o tipo de pessoa que amadureceu bastante nos diversos setores da vida pessoal e comunitário-social, mas que guarda ainda elementos não superados da evolução infantil, elementos esses que podem encontrar refúgio precisamente na experiência religiosa. O discernimento espiritual-pastoral é aqui especialmente necessário.

Conclusão

Nosso mundo moderno e pós-moderno está influenciado consideravelmente pela visão psicanalítica do ser humano. No momento atual da caminhada eclesial, seria uma tolice da parte da teologia rejeitar, sem mais, o conhecimento do ser humano propiciado pela psicanálise, uma vez que este conhecimento pode revelar-se de grande valia na revisão das relações entre o nosso substrato antropológico psicoafetivo e nossa experiência do encontro com o Deus da revelação bíblica. Sem dúvida, a crítica de Freud à religião deve ser contestada, mas isto não significa que as descobertas básicas da psicanálise não devam ser levadas em consideração pela antropologia cristã. Aqui, não estão em jogo os conteúdos da fé cristã, mas a relação que a pessoa crente vive com esses conteúdos. É sobre a qualidade psíquica dessa relação que a psicanálise pode prestar valioso serviço. E isto longe está de constituir-se numa psicologização da fé cristã.

As afirmações psicanalíticas sobre o desejo infantil de onipotência, nas duas primeiras fases da evolução psicoafetiva da criança, como visto neste capítulo, revelam-se úteis na compreensão dos obstáculos que se apresentam no processo de amadurecimento da experiência da fé cristã. E não é necessário insistir na evidência do infantilismo religioso existente em nossas comunidades. A imagem regressiva infantil de um Deus providente visto somente como "quebra-galho" maternal não é infrequente na consciência religiosa dos cristãos. A mesma coisa pode-se afirmar da visão também regressiva do Deus da lei e do castigo, sempre a culpabilizar o ser humano. O caminhar pedagógico, próprio da revelação bíblica de Deus, orienta pacientemente para a superação destas imagens de Deus e da visão do ser humano infantil, alienado, descompromissado em relação à história e ao mundo criado.

Muito embora tenham sido apresentadas, neste capítulo, de maneira muito sumária, as características da revelação do Deus bíblico que levam consigo uma revelação do que significa ser humano, acredito que são suficientes para deixar claro que a proposta bíblica da humanização aponta para a experiência de uma relação adulta, amadurecida com esse Deus. Trata-se de uma experiência que supera toda tendência regressiva ao fantasma narcisista da fusão na totalidade materna ou que encaminha para a ambivalente figura paterna, com o correspondente sentimento de culpa. O ser humano, chamado desde o início da criação à salvação, à comunhão com Deus é, simultaneamente, interpelado para se comprometer com as consequências que a aceitação desse amor e dessa salvação leva consigo, a saber, a responsabilidade pela própria existência, pela história humana e pela ecologia. Ou seja, comunhão com Deus e responsabilidade histórica – o místico e o profético – são inseparáveis, na perspectiva da revelação do Deus bíblico.

Não é que a maturidade psicoafetiva leve por si mesma à fé adulta. Bem sabemos que a fé é dom gratuito de Deus e não simplesmente resultado de disposições humanas, por mais amadurecidas que elas possam ser. Sim, a fé é um dom, mas que encontra na maturidade psicoafetiva o substrato antropológico que possibilita a experiência adulta do Deus da revelação bíblica.

Deve ter ficado claro, igualmente, algo que não é novo, mas que deve ser reiterado sempre: a necessidade pastoral e espiritual de desenvolvermos pedagogias a serviço desse processo de amadurecimento da fé, em vez de ficarmos prisioneiros de orientações e modos de proceder pastorais que tendem a confirmar a regressão infantil das pessoas cristãs.

Tomara que as reflexões, aqui desenvolvidas, possam ajudar um pouco mais na clarificação, com a ajuda de elementos tomados da psicanálise, das relações entre a imaturidade/maturidade psicoafetiva da pessoa e a vivência de atitudes infantis ou adultas da fé cristã.

3
A fé cristã em Deus Pai e a crítica freudiana da religião

Introdução

No capítulo anterior, procurei ressaltar o grande desafio pastoral que representa a situação existencial de muitos cristãos que parecem viver prisioneiros de uma religiosidade infantil. Fundamentando-me em escritos de psicanálise, acenei para o grave problema que significa o desejo não superado de fusão, que o bebê experimenta em relação à mãe e como, posteriormente, esta realidade pode incidir gravemente na relação com Deus. Focalizei, igualmente, o desafio para a fé cristã que significa a falta de superação da relação ambivalente da criança com o pai, o que pode facilmente resultar em uma relação deturpada com Deus.

No presente capítulo, vou continuar na mesma linha de reflexão, prestando atenção especial à problemática que a relação com o pai suscita ao trabalho pastoral. E isto porque, na experiência cristã, a relação com Deus Pai é de fundamental importância. É verdade que o assunto não é nada novo. Grandes especialistas como P. Ricoeur, P. Pohier e outros já abordaram esta temática com competência e coragem. Por que, então, voltar a um tema já estudado? Porque, embora estudado, o problema continua afetando gravemente a vida das nossas comunidades eclesiais. E, convém acrescentar, são bem poucos, nessas comunidades, os que conhecem os textos que analisam o confronto entre psicanálise e fé cristã. Parece que cada geração é chamada a se confrontar com os interrogantes básicos que esses textos levantam para a credibilidade da fé cristã. Entre eles, sem dúvida, está a relação com Deus Pai.

O trabalho será desenvolvido conforme o seguinte esquema: primeiramente, lembrarei a necessidade que a criança tem de superar o desejo de fusão com a totalidade representada pela mãe, bem como a necessidade de superar a conflituosa e ambivalente relação com o pai, para poder ter acesso à vida adulta e a uma relação com Deus também adulta. De maneira especial, será analisada a repercussão desta problemática na relação com Deus invocado como Pai (item 1). Em um segundo momento, voltando a atenção para o Novo Testamento, especialmente para os evangelhos, examinarei a qualidade da relação vivida por Jesus com Deus, invocado como *Abbá*. Essa análise será feita levando em consideração a crítica freudiana da religião (item 2). A seguir, abordarei o tema da nossa relação atual com Deus Pai, consciente das armadilhas que uma tal relação pode apresentar para a fé cristã (item 3). Para ajudar no encontro adulto com Deus Pai, apresentarei umas breves reflexões sobre a realidade tão original e desconcertante desse Deus, que nos ama com total gratuidade e que por amor se faz "pequeno", um ser humano real (item 4). Finalmente, para concluir, serão retomados alguns pontos básicos da reflexão que se relacionam mais diretamente com o labor do teólogo e com o trabalho pastoral atual.

O foco de interesse desta reflexão está centrado na qualidade humana –infantil ou adulta– da relação do crente com Deus Pai. Logo, não serão estudadas aqui as relações propriamente trinitárias entre o Pai, o Filho e o Espírito Santo.

1 A necessidade da solução satisfatória da relação infantil com a mãe e com o pai para o desenvolvimento de uma experiência religiosa amadurecida de Deus

Conforme foi exposto no capítulo anterior, existe no bebê, afirma a psicanálise, um narcisismo radical, um desejo de onipotência em conexão com o desejo de fusão com a totalidade materna. Foi assinalado, igualmente, que, para poder caminhar na direção da autonomia pessoal e da liberdade, a criança vai ter que assumir que a mãe não é essa totalidade desejada e que ela, a criança, é chamada a aceitar os próprios limites, superando o narcisismo total da primeira infância. Ora, conforme foi sublinhado na ocasião, esse desejo de totalidade continua presente pela vida afora e constitui a raiz psíquica do encontro com as pessoas e com Deus. Foi visto também que é nesse desejo de fusão na totalidade que a experiência religiosa *mística* encontra seu enraizamento psíquico[117].

Neste capítulo, focalizo diretamente a relação com o pai. Mas, damos por suposta a importância do símbolo materno, sem o qual não é possível compreender bem o significado da relação com o pai.

No período pré-edipiano, que, como o nome indica, seria "o período do desenvolvimento psicossexual anterior à instauração do Complexo de Édipo"[118], fase dual em que a relação mãe-filho ou mãe-filha ocupa o centro de interesse, predomina, tanto no menino quanto na menina, o desejo de fusão com a mãe. Discute-se até que ponto o pai está ou não presente nessa fase pré-edipiana[119]. É a aparição do pai que faz com que a criança possa superar a fascinação pela totalidade materna, com a fusão no materno. Ele é o *outro* que pode desfazer essa fascinação. É assim que se estabelece a conhecida situação edipiana, situação triangular, cheia de ambivalência, vivida em plena fase fálica (entre os três e os cinco anos de idade).

A psicanálise ensina que o complexo de Édipo, de maneira *positiva*, apresenta-se, na menina, como desejo do pai e como rivalidade em relação à mãe. Da parte do menino, é o contrário: desejo da mãe e rivalidade em relação ao pai. De maneira *negativa*, a menina experimenta amor em relação à mãe e ciúme e ódio em relação ao pai. E no caso do menino, este experimenta amor ao pai e ódio e ciúme em relação à mãe. Estas duas formas (positiva e negativa) "encontram-se,

---

117 Cf. cap. 2, item 3 desta obra.

118 LAPLANCHE, J. & PONTALIS, B. *Diccionario de Psicoanálisis*. 2. ed. Barcelona: Labor, 1968, p. 285.

119 Cf. Ibid. p. 285-286.

em diferentes graus, na forma chamada *completa* do complexo de Édipo"[120]. Sem entrar aqui na discussão sobre como a menina vive o complexo de Édipo ou sobre a universalidade ou não deste complexo, eu me limitarei a lembrar que, conforme a psicanálise, com o pai aparece a lei "entendida simbolicamente, como limitação da onipotência devastadora do desejo"[121].

Olhemos, pois, para a criança na situação edipiana. Ela já percebeu que não é onipotente e que a mãe tampouco é a totalidade sonhada e desejada. Estará, então, aberto o caminho para a maturidade humana? Ainda não, pois a criança pode ficar prisioneira da projeção no pai do desejo de onipotência, onisciência etc. Em definitivo, o que está em jogo na situação edipiana parece ser a perda da onipotência[122]. No caso do menino, o fundamental não será o desejo de possuir a mãe, vista como o objeto que resume a totalidade. Antes, em primeiro plano, estaria o narcisismo, que nega toda limitação e rejeita a perda da onipotência. Entretanto, a projeção no pai do sentimento de onipotência acaba não resultando satisfatória, pois ele tampouco é onipotente. E agora? Sabendo que este desejo não desaparece, mesmo depois da frustração decorrente da constatação de que o pai não é onipotente, onisciente, e assim por diante, o que acontece com o desejo de onipotência?

Neste momento do processo, é grande a tentação de substituir o pai, já reconhecidamente limitado, por outros humanos supostamente possuidores dessa onipotência: mestres, líderes e ídolos de vários tipos. Surgem, aqui, perguntas, muito incômodas, endereçadas a toda religião. Contudo, vamos nos limitar ao âmbito da fé cristã: a fé em Deus Pai não será uma maneira de continuar alimentando sentimentos de onipotência infantil pela vida afora, mesmo

---

120 Ibid., p. 61.

121 Cf. MORANO, C.D. *Crer depois de Freud.* Op. cit., p. 123. Para as afirmações no campo da psicanálise continuamos dando preferência aos escritos deste autor por se tratar de alguém que, sendo cristão e teólogo, também é especialista em psicanálise de orientação freudiana.

122 Cf. Ibid., p. 124.

com todas as contradições que desmentem esses sentimentos? Será que Deus não aparece como o substitutivo do pai (e da mãe, sem dúvida), cuja limitação já foi constatada? Será que os sentimentos infantis de onipotência não encontram em Deus uma maneira ideal de perdurarem, contra todos os embates da dura realidade da vida? Será Deus o último refúgio em um mundo desencantado, hostil, oposto aos sonhos infantis de grandeza infinita? Uma última pergunta: será que esse Deus, que pode servir de suporte ao desejo infantil de onipotência, se confunde com o Deus Pai de Jesus Cristo e o Deus Pai dos cristãos?

A psicanálise mostra que não é fácil superar a fascinação da totalidade materna, como também não é nada fácil superar a relação ambivalente com o pai visto como onipotente. Parece que a dificuldade é ainda maior, quando estes núcleos afetivos tão arcaicos – sublinha Morano fundamentado em Jacques Pohier, que, por sua vez se inspira em Jean Piaget – ficam articulados com os conteúdos religiosos. Cabe aqui, então, a pergunta: como vai amadurecendo o pensamento infantil?

Três fatores intervêm, afirma Pohier. Primeiramente, com a socialização, o egocentrismo da criança vai sendo corrigido no encontro e na relação com as outras pessoas; em segundo lugar, está o contato com a realidade do mundo material, com suas leis e causalidades que independem dos desejos do ser humano; e, finalmente, a percepção de que os seres humanos, especialmente os pais, são limitados de muitas maneiras.

Ora, o que acontece na vivência religiosa? Uma vez que Deus, por definição, é onipotente, onisciente e sumamente bondoso, na relação com Ele, nesta perspectiva, não se encontram os elementos limitadores do egocentrismo. No âmbito religioso, tudo parece possível, pois a pessoa está em uma outra dimensão, em um mundo maravilhoso. Aí, escapa da confrontação com a dureza da realidade e com a limitação das pessoas. A religião pode aparecer, assim, como um ótimo refúgio contra as agruras e frustrações inerentes à vida humana. Por isso, podemos concordar com a afirmação de Morano:

"*o deus da criança deve ser catequizado pelo Deus de Jesus*"[123]. Esta necessidade de o deus da criança ser catequizado pelo Deus de Jesus leva ao segundo item desta reflexão.

2 A relação de Jesus de Nazaré com o Deus-*Abbá*

É verdade que enxergar Deus como Pai não tem nada de original, pois é algo comum em muitos povos e religiões que veem o Pai como origem e princípio primordial da vida dos deuses e dos seres humanos. Entretanto, esse fundo originário não é apenas pai, mas pai e mãe, ou melhor, mãe e pai ao mesmo tempo de maneira ainda indiferenciada[124]. O ser humano, nesta etapa da sua religiosidade, experimenta a relação com o divino primigênio em termos de identificação com o mistério da vida. Predomina a orientação ao passado, ao paraíso protetor e aconchegante representado pelo lado materno do divino primordial[125]. Em uma etapa posterior, o lado paterno da divindade, destacado do materno, rompe a identificação do ser humano com o divino cósmico, levando-o a abandonar o passado e impulsionando-o para o futuro a ser vivido de maneira independente, assumindo a orientação da própria vida, na abertura à realidade que é ambígua, limitada e conflituosa.

No Antigo Testamento, observa-se que a denominação de Pai aplicada a Iahweh encontrou resistência e é bastante tardia. Entende-se bem a resistência, pois a fé em Iahweh rejeita as cosmogonias que apresentam Deus como origem genética (pai/mãe) da vida humana. Havia o perigo de Iahweh ser identificado com o princípio cósmico primordial que teria dado origem ao ser humano. O Deus de Israel é o Deus libertador-salvador, o Deus da eleição e da promessa, o Deus situado no âmbito da liberdade, que cria e salva de maneira que o ser humano é chamado a se decidir e a acolher o dom de Deus, na liberdade.

---

123 Ibid., p. 130. O itálico é do próprio autor.

124 Cf. PIKAZA, X. "Pai". In: PIKAZA, X. & SILANES, N. (orgs.). *Dicionário Teológico*. São Paulo: Paulus, 1998, p. 646-657, aqui p. 646.

125 Cf. Ibid., p. 652.

Quando o perigo de entender Deus como origem sexual da vida vai desaparecendo, o símbolo Pai aplicado a Deus pode ser recuperado, mas de maneira diferente:

> Deus não é Pai porque gera filhos de forma física, mas porque chamou os filhos de Israel para serem povo de homens livres; é Pai porque ama e porque escolhe no meio da terra um povo, porque guia seu caminho segundo a lei, porque o conduz ao futuro de verdade e autonomia[126].

Assim, o símbolo paterno, já no Antigo Testamento, começa a ser interpretado, não em termos de regressão a um originário e indiferenciado Deus pai/mãe, mas em termos de abertura que aponta para o futuro a ser construído pela liberdade humana que acolhe o dom da salvação de Deus[127].

Este pano de fundo da fé em Deus como Pai, no Antigo Testamento, é necessário para captar, no seu significado próprio, o sentido da relação vivida por Jesus com Deus Pai. É verdade que, diretamente, não temos nos evangelhos informações sobre como foi a relação vivida por Jesus com o Pai, pois, conforme ressalta Edward Schillebeeckx, os títulos cristológicos "o Filho" e "O Filho de Deus" constituem confissões de fé pós-pascais[128]. Como consequência, é necessário o recurso a um caminho indireto, constituído pelo agir e pela pregação de Jesus. A qualidade da sua relação com Deus será deduzida, assim, de suas palavras e de suas ações[129].

---

126 Ibid, p. 647-648.

127 Cf. Ibid., p. 648.

128 Cf. SCHILLEBEECKX, E. *Jesús, la historia de um viviente*. Madri: Cristiandad, 1983, p. 234.

129 Certamente, constitui empreendimento difícil conhecer a realidade profunda de uma pessoa mediante suas palavras e suas ações, acrescenta E. Schillebeeckx, pois sabemos da facilidade com que podemos nos enganar, quando se trata de atingir o núcleo da personalidade de alguém mediante suas palavras e atitudes; sinais da pessoa, sem dúvida, mas sinais apenas, com toda a ambiguidade inerente ao sinal. É muito difícil conhecer o mistério mais profundo de uma pessoa, e não temos outro aceso a não ser os atos e as palavras dela. Contudo, algo importante podemos perceber mediante esses atos e palavras, embora não a riqueza toda que constitui a pessoa. Cf. SCHILLEBEECKX, E. *Jesús, la historia de um viviente*. Op. cit., p. 235.

De fato, seguindo esse caminho indireto, podemos perceber que Jesus viveu uma relação com Deus intensamente pessoal. A profunda intimidade afetuosa, entranhável, penetrada de ternura, vivida na relação com Deus, unida à irrestrita confiança nesse Deus, é expressa por Jesus pela a invocação *Abbá* (paizinho!), que aparece nas suas orações (cf. Mt 11,25; Mc 14,35-36). O nome do Pai vem aplicado a Deus, observa Joachin Gnilka, na tradição mais antiga das palavras de Jesus, na fonte dos *logia* (cf. Lc 6,36; Mt 6,32; 7,11...)[130]. Jesus dirigia-se a Deus como Pai, constituindo esta experiência o centro que dinamiza e polariza toda a sua vida[131]. Não há, aqui, contradição alguma com a afirmação de que o centro e o resumo da vida toda de Jesus é o Reino de Deus. O Deus do Reino é o mesmo Deus-*Abbá* com o qual Jesus se relaciona. O Deus da salvação, o Deus do Reino, o Deus que é Pai, está próximo e oferece a salvação. Como resposta, o ser humano concreto é interpelado para a conversão. Esta é indispensável para todos, posto que todos os humanos são pecadores. Ora, a conversão significa reorientar a vida para aceitar o Deus do Reino, abrir-se para acolher o dom do amor gratuito do Deus-*Abbá* (aceitação inseparável, bem sabemos, da reorientação da vida para o amor-serviço aos irmãos e irmãs). Mais ainda, essa reorientação da vida para o Deus do Reino comporta aceitar esse Deus e o seu senhorio, como senhorio mesmo, como o centro da própria vida, até o ponto em que esse Deus Pai deverá seja aceito com toda radicalidade como o *único* Pai (cf. Mt 23,9).

Gnilka lembra que o original grego permite duas traduções deste texto: "A ninguém deveis chamar de pai sobre a terra, pois um só é vosso pai". Ou, então, "nem deveis vos chamar de pai sobre a terra, pois um só é vosso pai". Este exegeta inclina-se para a primeira tra-

---

130 Cf. GNILKA, J. *Jesus de Nazaré* – Mensagem e história. Petrópolis: Vozes, 2000, p. 190.

131 Isto é reconhecido amplamente pelos especialistas no Novo Testamento. Cf. SCHILLEBEECKX, E. *Jesús, la historia de um viviente.* Op. cit., p. 232-244, com a bibliografia indicada às p. 232-233.

dução que considera mais conforme ao sentido original[132]. Aceitar o senhorio de Deus-*Abbá* leva a relativizar todo outro tipo de paternidade. Continuando a percorrer o caminho indireto apontado por Schillebeeckx, Jon Sobrino, um dos teólogos atuais que mais tem aprofundado o tema da experiência de Jesus vivida na relação com Deus invocado como Pai, procura explicitá-la, ressaltando como seus componentes fundamentais a *confiança* de Jesus nesse Deus que se revela como Pai e a *fidelidade*, vivida até às últimas consequências, à missão confiada por esse Deus Pai[133]. Sim, para Jesus Deus é Pai, cheio de ternura e de misericórdia; Ele se aproxima de cada ser humano concreto, com uma proximidade estupenda e desconcertante, e se aproxima sempre com uma intenção salvífica, manifestada, especialmente, em relação ao pobre, ao ser humano desprezado e deixado de lado pela sociedade e pela religião. Um Deus Pai em quem Jesus pode confiar e em quem pode descansar, mas que, na frase feliz de J. Sobrino, um Deus "Pai que, por sua vez, não o deixa descansar"[134]. Sim, para Jesus Deus é Pai, e continua sempre a ser Deus. A proximidade do amor deste Deus de maneira alguma destrói sua transcendência, diríamos, utilizando uma terminologia clássica. Um Deus não manipulável, para além de todas as representações e expectativas do ser humano, um Deus desconcertante, convém ressaltar, que guarda silêncio no Horto das Oliveiras e na cruz.

Para E. Schillebeeckx, por seu lado, levando em consideração o contexto religioso próprio do judaísmo, o que caracterizaria a relação de Jesus com Deus seria, precisamente, a atitude de *obediência*. Jesus, um judeu profundamente piedoso, é alguém apaixonado pela vontade do Pai. A atitude de obediência está muito bem-recolhida nos escritos do Novo Testamento (cf. Lc 22,42; Hb 10,9; Jo 4,34;

---

132 Cf. GNILKA, J. *Jesus de Nazaré* – Mensagem e história. Op. cit., p. 191.

133 Cf. SOBRINO, J. *Cristologia a partir da América Latina*. Petrópolis: Vozes, 1983, p. 106ss. • SOBRINO, J. *Jesus, o Libertador* – I: A história de Jesus de Nazaré. 2. ed. Petrópolis: Vozes, 1996, p. 211-238.

134 SOBRINO, J. *Jesus, o Libertador* – I: A história de Jesus de Nazaré. Op. cit., p. 235.

5,30; 6,38...)[135]. Mas, o fato de Jesus se referir a Deus como *Abbá* implica muito mais do que sua obediência a Deus. Trata-se de uma experiência radical e fundamental que "é claramente a fonte do caráter peculiar da mensagem e da práxis de Jesus, as quais, se prescindirmos dessa vivência religiosa, perdem a sua autenticidade, seu significado e seu conteúdo"[136]. Convém insistir que esse Deus, invocado e apresentado como *Abbá*, a quem Jesus presta obediência é o Deus do Reino, o Deus da salvação gratuita e da misericórdia, o Deus que procura a salvação especialmente dos perdidos de todo tipo. Estamos nos antípodas do Deus patriarcal, dominador e ciumento das realizações dos seus filhos. Por isto, conforme a expressão de E. Schillebeeckx, na práxis de Jesus a serviço do Reino de Deus "está o Deus preocupado com a humanidade"[137]. Ora, pergunta este teólogo: de onde vem a Jesus a certeza da salvação de Deus para todos, especialmente para os excluídos e desprezados? Realmente essa certeza resulta surpreendente, para dizer o mínimo. Jesus vive uma experiência de contraste, sublinha E. Schillebeeckx, pois, de um lado, constata-se a situação de injustiça, de miséria, de violência, de sofrimentos de todo tipo existente no mundo real e, de outro, está a experiência de Deus vivida por Jesus, experiência do Deus salvador de um Deus que, "na sua solicitude, é contrário ao mal e só quer o bem, que não quer reconhecer a supremacia do mal, nem conceder a este a última palavra"[138].

É fácil perceber como esse Pai que é Deus revela-se, mediante Jesus, como Aquele "que se preocupa em dar um futuro a seus filhos", "que proporciona um futuro a todo aquele que, humanamente, já não pode esperá-lo"[139]. Existe uma possibilidade real de salvação aberta para todos por esse Deus, isto é o que Jesus experimenta na relação com Deus como *Abbá*. E salvação, conforme a melhor tradição de

---

135 Cf. Cf. SCHILLEBEECKX, E. *Jesús, la historia de um viviente*. Op. cit., 238-239.

136 Ibid., p. 242.

137 Ibid., p. 243.

138 Ibid; cf. tb. p. 244.

139 Ibid., p. 243.

Israel, é algo muito concreto e nada tem a ver com fuga da história e da vida cotidiana. Trata-se da salvação do mal em suas distintas manifestações, no hoje da vida atual. Naturalmente, tudo isto entendido no horizonte proporcionado pela distinção entre a salvação do mal em forma de *semente*, inicial e incompleta ainda, e a salvação em *plenitude*, no tempo final *da colheita*. O futuro está aberto por esse Deus-*Abbá*, e, assim, "*Jesus, baseado na sua experiência do abbá*, apresenta e oferece aos homens uma esperança segura"[140].

Também para Wolfhart Pannenberg, para citar outro teólogo atual de primeira grandeza, o futuro ocupa o lugar prioritário na proposta do Reino de Deus feita por Jesus. Entretanto, embora seja uma realidade futura, os evangelhos apresentam também a atuação desse Reinado no momento atual. A pregação de Jesus contém uma mensagem de salvação, não propriamente de julgamento (como no caso de João Batista). Isto vem expresso simbolicamente, conforme W. Pannenberg, pelo fato de que Jesus "abandona o deserto das margens do Jordão, onde pregava João, para voltar à frutífera região da Galileia"[141]. O Reino de Deus irrompe já no presente. A salvação já está atuando hoje. Mas é necessário partir do futuro do Reino de Deus para compreender sua presença no presente. Não há dúvida de que para Jesus o prioritário é a busca do Reino de Deus, mas esta prioridade total fundamenta-se não tanto no passado de intervenções salvíficas de Deus, notadamente na experiência do êxodo, mas na realidade do senhorio único de Deus.

Está claro, portanto, que aceitar o senhorio de Deus com seu caráter único faz com que a pessoa deixe de considerar prioritárias todas as outras preocupações. Assim, entende-se melhor a recomendação de Jesus no chamado Sermão da Montanha (cf. Mt 6,33). Aberto à vinda do Reino, o crente participa já, agora, no tempo atual, da salvação escatológica. Participação que, acrescenta W. Pannenberg, constitui expressão do grande amor de Deus que se aproxima daqueles que estavam perdidos e se encontravam excluí-

---

140 Ibid., p. 244. Os destaques em itálico são do próprio autor.

141 PANNENBERG, W. *Teología sistemática*. Vol. II. Madri: Upco, 1996, p. 353.

dos. Comer com publicanos e pecadores é, assim, o sinal mais plástico vivido por Jesus da proximidade amorosa do Deus que salva. Quem se abre ao anúncio do Reino de Deus deixa de estar excluído, pois está começando a viver a salvação. Evidentemente, quem acolhe de coração aberto a mensagem de Jesus sobre o Reino de Deus, vivendo, assim, a salvação, vai aprendendo a se abrir aos outros seres humanos, comunicando algo desse amor experimentado, nas relações concretas.

Logo, não é possível separar o amor salvador de Deus para com o ser humano do amor que este é chamado a viver na relação com os outros seres humanos. Quem se abre para acolher o imenso e gratuito amor de Deus, é solicitado, capacitado e impulsionado para comunicar esse amor aos homens e mulheres concretos. O futuro tem, assim, prioridade total sobre o passado e sobre a tradição. A relação com o Deus do Reino não é regressiva; antes, implica uma abertura confiada no futuro deste Deus do Reino invocado como *Abbá*[142].

Pode-se agora perguntar: será que Jesus vê a relação com Deus Pai, na oração, de maneira ingênua ou infantil? Nada disso, pois, como explica J. Sobrino, Jesus, conforme os evangelhos é muito crítico em relação às formas deturpadas de oração: é muito clara a condenação da oração mecânica eivada de palavreado vazio (cf. Mt 6,7-8), da oração vaidosa e hipócrita, expressão do narcisismo espiritual (cf. Mt 6,5), da oração cínica (cf. Lc 18,11), da oração alienante (cf. Mt 7,21) e da oração opressora (Mc 12,38-40). Os evangelhos mostram, assim, aqueles vícios que invalidam a autêntica oração[143]. Certamente, o psicanalista, com pressupostos antropológicos não meramente mecanicistas ou biologistas, pode encontrar nesses textos, em nome de uma experiência adulta e libertadora de Deus, uma crítica ao infantilismo religioso.

Em resumo, o Deus Pai de Jesus é o Deus do Reino que suscita uma nova existência – um novo nascimento – caracterizada pela libertação da liberdade para o amor concreto, que inclui sempre

---

142 Cf. Ibid., p. 355-360.

143 SOBRINO, J. *Jesus, o Libertador* – I: A história de Jesus de Nazaré. Op. cit., p. 208.

a prática da justiça. Trata-se de Deus Pai que ama o ser humano, especialmente o excluído, com total gratuidade. Deus Pai, fonte de vida nova para aqueles que se abrem e acolhem o dom do seu amor, permitindo que Deus seja realmente Deus na vida deles. Deus Pai do amor gratuito e da misericórdia sem limites, tal como aparece na Parábola do Filho Reencontrado (cf. Lc 15,11-32). Deus Pai que impulsiona para a plenitude (colheita) do Reino de Deus e convida para colaborar no trabalho de semear a semente do Reino, hoje. E tudo isto na história cotidiana, com todas as suas ambiguidades.

Jesus vive uma relação adulta e responsável com Deus Pai, relação de profunda intimidade pessoal, penetrada de total confiança unida a uma fidelidade a toda prova à vocação de serviço proveniente desse Pai. É fácil perceber que a relação de Jesus com Deus Pai situa-se no polo oposto das imagens infantis e regressivas de Deus.

3 A nossa relação com Deus Pai hoje

3.1 A filiação divina do cristão nas limitações do presente

O Novo Testamento, que apresenta Jesus relacionando-se com Deus como Pai, ressalta também que o crente é chamado, igualmente, a se relacionar com Deus como *Abbá*. A experiência de Deus como Pai chega a ser uma verdadeira revelação, que só ele, Jesus, pode comunicar a seus discípulos (cf. Mt 11,25-27)[144]. E, assim relacionar-se com Deus como filhos amados desse *Abbá* constitui, também para os cristãos, uma experiência central (cf. Gl 4,7; Rm 8,15; 1Jo 3,1-3).

E quais serão as consequências para a vida cristã? Nas palavras de A. Torres Queiruga, "esperança, liberdade e ausência de temor são, talvez, as categorias que definem, ou melhor, que abrem, a partir da filiação, o campo específico da experiência cristã, dotado assim de originalidade inaudita que supera toda expectativa meramente hu-

---

144 Cf. TORRES QUEIRUGA, A. *Creio em Deus Pai* – O Deus de Jesus como afirmação plena do humano. Op. cit., p. 97.

mana"[145]. Este teólogo continua comentando o capítulo 8 da Epístola aos Romanos, ressaltando como Paulo, penetrado de profunda alegria e agradecimento assombrado, vai descortinando o inaudito panorama vital decorrente da revelação de que somos filhos de Deus, com a conclusão de que todas as adversidades, internas ou externas, não poderão afastar-nos do amor paternal de Deus (cf. Rm 8,18-39).

E note-se, acrescenta Queiruga, oportunamente, que essa confiança no Deus-*Abbá*, no Deus que é amor (cf. 1Jo 4,8.16) e que, por isso, elimina o medo na relação com Ele (cf. 1Jo 4,18), não se dá negando as limitações inerentes à realidade, não se trata de regressão ou da "fantasia infantil de uma onipotência narcisista", mas de uma "confiança no Outro com base no reconhecimento expresso dos próprios limites"[146]. Esta última afirmação nos coloca no coração do problema que a crítica freudiana levanta contra a religião, especialmente quando se trata, como no cristianismo, de chamar a Deus de Pai. Vejamos, a seguir.

3.2 A relação com Deus-Pai pode ser expressão do narcisismo infantil

Primeiramente, é necessário aceitar honestamente que a relação com o Deus-Pai pode ser expressão do narcisismo infantil. Morano faz notar o quanto podem ser ambíguos o discurso e a vivência da paternidade de Deus, por parte do cristão. De fato, pode ser uma vivência saudável ou regressiva[147]. Ou, nas palavras de T. Queiruga, pode ser uma relação com um deus pai que "é simplesmente o fantasma do homem-menino que não se atreve a enfrentar a realidade; é o fruto narcisista do desejo infantil de onipotência ou a projeção

---

145 Ibid., p. 99-100

146 Ibid., p. 101.

147 Cf. MORANO, C.D. *Experiencia cristiana y psicoanálisis*. Op. cit., p. 45ss. A ambiguidade na linguagem e na experiência da paternidade divina é analisada amplamente no cap. 1 desta obra.

que aplaca o sentimento de culpa"[148]. Em qualquer um destes casos, é necessário, para que o ser humano possa ser ele mesmo e desenvolver a sua autonomia, rejeitar esse fantasma do deus-pai, visto como verdadeira neurose[149]. Na linguagem teológica, é claro que essa representação de deus pai criada pelo medo e pelo infantilismo religioso não passa de idolatria. Isto constitui um alerta que deveria ser levado muito a sério no trabalho pastoral. A realidade é dura, pois apresenta muitas dificuldades e ambiguidades, dentro e fora de nós; condicionamentos de todo tipo e sofrimentos os mais variados. Diante dessa dura realidade, como é fácil apresentar a fé em Deus para perpetuar e até alimentar o sentimento infantil de onipotência! Deus pode aparecer, assim, "como o pai imaginário, que não tem princípio nem fim, que possui a origem em si mesmo, não conhece a morte, sabe tudo, pode tudo, é origem de toda norma e de toda proibição".

3.3 O ídolo do deus rival da autonomia da criatura humana

Em segundo lugar, importa muito responder, convincentemente, que a fé em Deus Pai não atenta contra a autonomia do ser humano no plano psicológico. Ao contrário, trata-se de uma relação que fundamenta essa autonomia. Na revelação do Deus bíblico, não existe rivalidade entre o Deus Pai onipotente e a autonomia da sua criatura humana.

Em relação à pretendida rivalidade entre o poder total de Deus e a autonomia humana, convém lembrar que não se trata de uma descoberta moderna. A visão do poder divino inimigo das realizações humanas já aparece, por exemplo, no mito de Prometeu que pretendia roubar o fogo dos deuses e foi duramente castigado. E, na Cristandade, a apresentação do Deus Pai todo-poderoso nem sempre foi fiel à perspectiva da revelação de Deus feita por Jesus Cristo.

É com a Modernidade, no entanto, com sua proclamação da autonomia do sujeito humano contra todo poder ou vínculo que possa

---

148 TORRES QUEIRUGA, A. *Creio em Deus Pai* – O Deus de Jesus como afirmação plena do humano. Op. cit., p. 103.

149 Cf. Ibid.

obstaculizá-la, que o problema aparece com toda força. É sabido é que a temida e rejeitada rivalidade entre Deus todo-poderoso e a criatura humana tem sido explorada no mundo da Modernidade em conexão com o ateísmo moderno. A liberdade e autonomia do sujeito humano acabaram sendo vistas como impossíveis diante do poder absoluto de Deus. O conteúdo da tão repetida frase, "para o homem poder crescer, Deus deve morrer", está presente e influencia numerosos ambientes modernos. Mostrar que é falsa essa visão de Deus, inimigo da autonomia e da realização do ser humano, tem ocupado largamente a reflexão teológica contemporânea. É um tema básico no confronto com os mestres modernos da suspeita (L. Feuerbach, K. Marx, F. Nietzsche e S. Freud)[150]. No caso de S. Freud, não há dúvida de que a sua profunda desconfiança em relação à religião, unida a uma clara profissão de ateísmo, está influenciada por essa visão de Deus, visto como inimigo da autonomia humana.

Cabe aqui perguntar se a problemática suscitada pela psicanálise a respeito da relação com Deus-Pai, interpretada como alienação e como projeção do desejo infantil de onipotência, não teria um tratamento mais adequado, se fosse considerada na perspectiva, não propriamente do ateísmo, mas da idolatria. Com efeito, a tentação da idolatria não é algo do passado distante, mas uma realidade muito presente no nosso mundo atual, por pouco que se lhe preste atenção. Certamente, a negação de Deus desenvolvida no âmbito da Modernidade é um grave desafio teológico, mas outro desafio não menor consiste na deturpação da imagem de Deus, que acaba conduzindo a formas mais ou menos explícitas de idolatria. E isto se aplica, sem dúvida, também aos ambientes cristãos.

Ora, aceitar o Deus Pai de Jesus implica rejeitar imagens de Deus que constituem verdadeiros ídolos. As cristologias atuais procuram focalizar, ao tratar da atividade de Jesus a serviço do Reino de Deus, a denúncia dos ídolos presentes na religiosidade dominante no mundo palestino do seu tempo. Assim faz, por exemplo, J.

---

150 Um bom exemplo desta perspectiva encontra-se em KÜNG, H. ¿Existe Dios? – Respuesta al problema de Dios en nuestro tiempo. Op. cit., p. 267-466 e 469-578.

Sobrino, um dos teólogos que mais diretamente apresentam essa denúncia[151]. Nas controvérsias narradas no Evangelho de Marcos (2,1-12; 2,15-17; 2,18-22; 2,23-28; 3,1-6) aparece, conforme a exposição de J. Sobrino, a contraposição entre o Deus de Jesus, o Deus Pai, interessado sempre na vida e no bem do ser humano concreto, e o Deus dos seus adversários.

Na religião de Jesus, o decisivo é sempre fazer o bem nas situações concretas. Assim é o Deus Pai revelado por Jesus. Seus adversários querem cumprir a vontade de Deus expressa na Torá e na Halaká, mas ficam prisioneiros do cumprimento da lei pela lei, que recebe prioridade sobre o serviço ao ser humano[152]. E mais diretamente, Jesus desmascara imagens de Deus claramente opressoras dos seres humanos. A grande e suprema mentira consiste em procurar justificar o mal feito *em nome de Deus* (cf. Mc 7,1-23). A mentira religiosa consiste em invocar a vontade de Deus "exatamente no sentido contrário ao sentido óbvio que Deus lhe dá"[153]. Junto à denúncia do ídolo da lei utilizada para oprimir o ser humano, são denunciados por Jesus os ídolos da riqueza (Mt 6,24) e do poder religioso representado pelos que se beneficiam do culto realizado no templo (Mc 11,15-19).

Que o Deus Pai de Jesus seja totalmente contrário a qualquer opressão do ser humano aparece revelado igualmente na questão sobre o mandamento principal (cf. Mt 22,36-40). A afirmação é muito clara: o amor a Deus e o amor ao próximo são inseparáveis. A consequência é óbvia: quem acolhe o amor de Deus vai tornando-se amoroso para com os outros seres humanos[154]. A pergunta inquietante surge quase espontaneamente: o Deus dos adversários

---

151 Cf. SOBRINO, J. *Jesus, o Libertador* – I: A história de Jesus de Nazaré. Op. cit., p. 242-284. Como é sabido, no âmbito da teologia latino-americana, o tema da idolatria tem sido focalizado reiteradamente. Cf. esp. SEGUNDO, J.L. *Nuestra idea de Dios*. Buenos Aires: Carlos Lohlé, 1970.

152 Cf. SOBRINO, J. *Jesus, o Libertador* – I: A história de Jesus de Nazaré. Op. cit., p. 242-246.

153 Ibid., p. 251.

154 Cf. Ibid., p. 246-249.

de Jesus e os ídolos denunciados por Jesus não estarão apontando para a relação infantil com o pai, ou melhor, para a lei absolutizada representada pelo pai, conforme a perspectiva psicanalítica?

C.D. Morano acredita que esta é uma questão que merece ser aprofundada. Ele mesmo o faz, comparando o Deus ilusório, aliado dos desejos infantis de onipotência, com o Deus Pai de Jesus. E, assim, Morano estabelece uma nítida distinção entre o deus "construído à medida dos desejos e dos temores da nossa infância"[155], e o Deus que se revela nas palavras e no agir de Jesus de Nazaré. A comparação é desenvolvida por este autor mediante quatro características básicas. No caso do deus da criança, emerge em todas elas o sentimento de onipotência como o mais fundamental de todos. É o sentimento que estaria na raiz de cada uma dessas características. E isto tanto na relação materna quanto na paterna. Do ponto de vista psicológico, afirma Morano, os sentimentos infantis de onipotência constituem "o motor último e o mais decisivo da motivação religiosa"[156]. Esse sentimento, como já assinalado acima, vem expresso, primeiramente, no desejo de fusão com a mãe e, posteriormente, na relação com o pai, no desejo de poder. Desejos que podem reaparecer facilmente projetados em Deus, Mãe e Pai. Mas, vejamos a caracterização.

A primeira característica apontada por Morano para distinguir o deus da criança do Deus de Jesus está relacionada com a maneira de entender a *providência* divina. No Deus da criança, a providência é experimentada como algo mágico, que tira das dificuldades que encontramos na vida, um Deus a serviço dos interesses da pessoa religiosa, pois para isso Ele é todo-poderoso[157]. Naturalmente, nesta visão, Deus existe para solucionar os problemas, grandes ou pequenos, dos seus fiéis. A contraposição com o Deus de Jesus não pode ser mais radical: este é um Deus que em nada se parece com o Deus "quebra-galho" de tantas pessoas religiosas. Em relação ao Deus de

---

155 Cf. MORANO, C.D. *Experiencia cristiana y psicoanálisis*. Op. cit., p. 131.

156 Ibid., p. 135.

157 Cf. Ibid., p. 131.

Jesus, o fundamental é acolher sua vontade, é entrar em sintonia com Ele, é estar disponível para ouvir e seguir a sua interpelação.

O Deus Pai de Jesus não soluciona os problemas humanos com um passe de mágica, do mesmo modo como não tirou o Filho amado da cruz nem converteu as pedras em pão para saciar sua fome no deserto... É, antes de tudo, um Deus Amor plenamente gratuito, amor que atua em nosso interior animando, fortalecendo, impulsionando-nos em direção ao novo ser, à nova criatura de que fala o Novo Testamento.

A segunda característica que permite distinguir o deus da criança do Deus de Jesus está centrada na visão de um Deus que responde a tudo quanto o ser humano não sabe responder, e que, com suas respostas, elimina a ansiedade que o desconhecido pode levar consigo. Nesta visão infantil de Deus, tudo encontra resposta e explicação na religião. Deus está aí para responder às nossas perguntas e aos nossos interrogantes. Podemos ficar tranquilos. O mundo, afinal, é cálido e aconchegante, para os que acreditam nesse pai/mãe onisciente, onipotente e cheio de bondade! Ora, não é assim que o Deus de Jesus se revela. Como afirma a Epístola aos Hebreus, Jesus teve de aprender a obediência ao Pai mediante o sofrimento (cf. Hb 5,8), na incerteza e na ambiguidade da vida humana. Sim, ele continuou sempre confiando no Pai, mesmo no Horto das Oliveiras e na Cruz, mesmo quando esse Pai parece calado diante do abandono e do sofrimento de Jesus.

Acreditar na vida em plenitude não elimina as incertezas, as angústias e os questionamentos do humano viver. Tampouco encontramos aqui, no campo do saber, respostas feitas para substituir a nossa procura pelo sentido de nossa vida e pela atuação do Reino de Deus, no concreto das situações históricas. Outra distinção fundamental – a terceira – entre o deus da criança e o Deus de Jesus dá-se, quando a criança se defronta com a situação edipiana, e tende a ver Deus como o guardião da lei a vigiar continuamente o comportamento humano. É o Deus dos tabus e das proibições, sempre pronto para castigar, sobretudo quando se trata de faltas no campo da sexualidade... É o Deus que infunde medo. Um Deus no polo oposto do Deus de Jesus, o Deus de misericórdia e de amor gratuito, o Deus que oferece e realiza a nossa salvação, claro está com a nossa colaboração, eliminando, na sua raiz, a angústia da procura da salvação pelas nossas obras; o Deus amor que compromete a nossa liberdade na resposta ao seu amor. Amor totalmente livre de Deus que constitui o fundamento mesmo da nossa liberdade para responder a esse amor mediante a solidariedade concreta, a vivência da justiça e de relações ecológicas[158]. E, finalmente, a quarta distinção: o deus da criança nega a morte. A este respeito ocorre-me um exemplo bem ilustrativo. Dias atrás, em uma aula sobre o significado dos milagres de Jesus Cristo, uma senhora perguntou, ainda visivelmente sofrida: *por que Deus não impediu a morte da minha mãe?* A mãe havia falecido cinco anos antes. Com todo o respeito que o sofrimento merece, não é possível deixar de perceber na pergunta a imagem infantil de Deus, do deus que nega a morte. Deus infantil, pois sabido é que a criança tende a negar a morte. Também pudera, a morte constitui uma negação brutal da onipotência projetada, sobretudo nos pais, constitui o mais duro golpe ao narcisismo infantil. Em contraposição, Jesus não é poupado da morte por Deus Pai, e de uma morte violenta. E não são poupados os discípulos, sujeitos aos condicionamentos do humano morrer. Sem dúvida, é de fundamental importância a nossa fé na ressurreição de Jesus e em nossa ressurreição, mas essa fé não elimina a dureza e as limitações próprias da morte humana[159].

Será preciso chegar ao tempo da Modernidade e, mais especificamente, à descoberta da psicanálise para que o cristão possa perceber o perigo da idolatria, quer dizer, o perigo de criar um Deus à imagem do ser humano, dos seus sonhos, fantasias e desejos? Certamente que não. A tradição cristã, começando pela Sagrada Escritura, teve sempre presente este perigo. A luta contra a

---

158 Cf. Ibid., p. 132-133.
159 Cf. Ibid., p. 133-134.

idolatria constitui um tema básico na revelação de Deus no Antigo Testamento. E já assinalamos acima como Jesus desmascara as deturpações idolátricas de Deus, presentes na religiosidade do seu tempo. E também na Cristandade, como recorda Queiruga, basta lembrar o desenvolvimento da *teologia negativa*, e, sobretudo, o uso da *analogia* no discurso teológico sobre Deus.

A analogia, acrescenta o mesmo Queiruga, é particularmente importante na relação com Deus Pai. Com efeito, na analogia, parte-se do conhecimento e da experiência do ser humano para afirmar algo de Deus, declarando, logo a seguir, que aquilo que está sendo afirmado de Deus, mediante conceitos e experiências humanas, só pode ser aplicado a Ele de maneira própria e exclusiva. Ficam superadas, assim, as limitações inerentes à linguagem e à experiência humana. É mediante o uso da analogia que chamamos a Deus de "Pai", "porque sabemos por experiência o que é um pai; mas neste chamá-lo de 'Pai' estamos conscientes de que Deus o é de modo radicalmente distinto de qualquer pai humano"[160]. Nesta linha de reflexão, este teólogo interpreta o texto de Mt 23,9: "a ninguém chameis de 'pai' na terra, porque um só é vosso Pai celeste". Sim, a palavra pai serve, analogicamente, para chegar ao reconhecimento de Deus como Pai, e uma vez reconhecido este como Pai, essa palavra "fica vazia em virtude de um significado mais alto e poderoso"[161]. As palavras de E. Käsemann podem resumir estas reflexões sobre o Deus Pai cristão, interessado no bem do ser humano, no polo oposto da rivalidade e do ciúme da autonomia humana: "o criador que entra em conflito com a criatura é um Deus falso e deuses falsos tornam inumanos até os piedosos"[162].

---

160 Ibid., p. 104.

161 Ibid.

162 KÄSEMANN, E. *La llamada de la libertad*. Salamanca: Sígueme, 1974, p. 35. Apud SOBRINO, J. *Jesus, o Libertador – I*: A história de Jesus de Nazaré. Op. cit., p. 253.

3.4 A psicologia religiosa: o símbolo Pai e a superação do deus da regressão infantil

E o que afirma a psicologia religiosa sobre esta questão? Torres Queiruga assinala como os trabalhos desenvolvidos por J.M. Pohier, A. Vergote e outros, no campo psicológico, aceitam, por um lado, o valor da crítica freudiana na purificação da fé em Deus, e mostram, por outro, a riqueza que representa o símbolo Pai para a consciência do cristão. E adverte que o risco de projetar em Deus o desejo infantil de onipotência pode estar presente também na pessoa que rejeita Deus, pois tal rejeição pode ser, igualmente, expressão infantil da busca moderna de uma "autoafirmação em um sonho de onipotência egocêntrica que nega os limites da própria finitude e neurotiza profundamente o pensamento, as vivências e as relações na sociedade atual"[163].

É sobretudo P. Ricoeur, porém, quem, na leitura crítica que faz de S. Freud – leitura de notável profundidade e perspicácia-, aponta na direção mais adequada para se compreender o sentido profundo da paternidade divina, conforme a fé cristã[164]. De fato, a distinção que P. Ricoeur faz entre *fantasma e símbolo* é realmente muito elucidativa. Freud tem razão em sua crítica da religião quando vê nela a presença marcante do desejo infantil de onipotência, um desejo regressivo que impede o caminho para a maturidade humana. Devemos reconhecer, mais uma vez, que na religião encontra-se presente esse risco muito real. Mas com isto não está dito tudo sobre este delicado tema.

Se é verdade que na religião pode ser expressa o desejo infantil de onipotência, ficando a pessoa enredada num mundo irreal de fantasia e ilusão, é igualmente verdade – e Freud não soube ver

---

163 TORRES QUEIRUGA, A. *Creio em Deus Pai* – O Deus de Jesus como afirmação plena do humano. Op. cit., p. 107. Aqui o autor se fundamenta na análise da sociedade moderna feita em RICHTER, H.E. *Der Gotteskomplex* – Die Geburt und die Krise des Glaubens an die Allmacht des Menschen. Hamburgo: Psychosocial-Verlag, 1979.

164 Cf. RICOEUR, P. "La paternité: du phantasme au symbole". In: *Le conflit des interpretations*. Paris: Seuil, 1969, p. 458-468.

isto devido aos seus pressupostos antropológicos – que, na religião, Deus visto como Pai pode ser um símbolo que orienta para o futuro, para a Promessa, para a responsabilidade a fim de concretizá-la mediante a realização de promessas, limitadas e imperfeitas, mas reais, no hoje da história. Neste sentido, observa acertadamente Torres Queiruga, a Bíblia apresenta-nos um caminho exemplar, desde o Antigo Testamento. Como é sabido, a experiência fundante de Israel, à qual este voltará uma e outra vez no seu caminhar histórico, resume-se no encontro com o Deus Libertador (Ex 3,13-15)[165]. Em consequência, e contrariando as assertivas da teoria freudiana, continua o mesmo teólogo, "Deus remete não à fantasia, mas à história efetiva, ao 'princípio da realidade'"[166].

3.5 A relação libertadora com o Deus Pai é real!

Não basta mostrar que a imagem do deus carrasco, pai castrador, que mantém o ser humano na dependência infantil e na alienação é uma caricatura do Deus da revelação bíblica. Esse trabalho de limpeza do terreno é sempre necessário, pois ressurgem uma e outra vez as tentações de deturpar a imagem bíblica de Deus. Mas trata-se de um trabalho insuficiente, pois, em definitivo, o que importa saber é se o Deus Pai de Jesus Cristo, o Deus salvador e libertador do mal e do sofrimento, o Deus capaz de entusiasmar o coração humano corresponde a uma realidade ou é, simplesmente, mais um capítulo da capacidade inesgotável do ser humano de criar ilusões compensatórias ou de exteriorizar seu sentimento de culpa. Conforme assinalei acima, esta suspeita não deve ser afastada ingenuamente, como se nada tivesse a ver com o crente cristão. É interessante notar que, depois da reflexão sobre a mensagem e a práxis de Jesus alicerçada na experiência de Deus como *Abbá*, E. Schillebeeckx se pergunta, em diálogo com a Modernidade, a modo de conclusão:

---

165 TORRES QUEIRUGA, A. *Creio em Deus Pai* – O Deus de Jesus como afirmação plena do humano. Op. cit., p. 108.

166 Ibid.

"Realidade ou fantasia?"[167]. A pergunta procede, sem dúvida. A partir sobretudo da psicanálise, ela é levantada uma e outra vez. Que possa tratar-se de uma ilusão, embora bela e motivadora, é algo que não pode ser eliminado *a priori*.

Contudo, sabemos, na perspectiva da fé, que não é uma ilusão, mas uma realidade rica em consequências libertadoras para o ser humano e para a comunidade humana. É a vida mesma de Jesus que pode revelar a credibilidade do testemunho dele a respeito deste Deus-*Abbá* e da promessa de libertação que ele apresenta no coração da história. De fato, sublinha A. Torres Queiruga, é a vida toda de Jesus de Nazaré a melhor resposta à crítica de Freud à religião. O perfil do homem Jesus dista muito do retrato do homem dominado pelo desejo infantil de onipotência, prisioneiro do passado, incapaz de assumir o futuro em suas mãos com responsabilidade, vivendo uma confiança passiva e alienante nesse Deus chamado de Pai. Não é necessário ser uma pessoa de fé cristã para perceber com facilidade que um retrato desse tipo não passaria de grotesca caricatura. Na realidade, o Jesus que emerge da leitura dos evangelhos, convém repetir mais uma vez, é um homem adulto, amadurecido, que vive uma confiança irrestrita no amor incondicional do *Abbá* e uma fidelidade a toda prova à missão confiada por esse Pai. Fundamentado e alimentado pela experiência da relação única com o Pai, Jesus enfrenta os pesados condicionamentos de uma religião que tende a se fechar no legalismo e na atitude farisaica. Condicionamentos concretos, encarnados em pessoas e grupos concretos, que o rejeitarão, perseguirão e acabarão condenando-o à morte. Em Jesus, nada encontramos da atitude infantil narcisista, nada de autoritarismo dominador que mantém o outro na passividade, alheio à própria responsabilidade, nada da superproteção que impede o outro de crescer como outro, fiel à própria autonomia e à própria identidade pessoal. A imagem de Jesus que se depreende dos evangelhos, conforme a bela descrição do Prof. M. Benzo, chama a nossa atenção

---

167 Cf. SCHILLEBEECKX, E. *Jesús, la historia de um viviente*. Op. cit., p. 245.

por sua densidade humana e por sua coerência psicológica. Trata-se de uma figura intensamente humana, que vive de maneira assumida a sua realidade corporal, alguém aberto ao mundo da natureza da sua terra, interessado nas atividades, profissões e modos de vida das pessoas, apreciador da vida familiar e capaz de grandes amizades. Alguém que estima e defende a mulher e a criança, que ama especialmente os pecadores e excluídos de todo tipo; alguém dotado de uma complexa psicologia, própria de um ser humano adulto. E, assim, acrescenta o Prof. M. Benzo, Jesus sabe articular, no seu comportamento, uma forte energia com uma grande paciência e suavidade; a audácia, que nada tem de exibicionismo, com a prudência, uma grande dignidade pessoal com não menor simplicidade. É alguém que sabe valorizar a alegria, o sentido do humor e as pequenas coisas da vida cotidiana[168].

Jesus assume o caminho do serviço ao Reino de Deus, com fidelidade e coerência, e vai amadurecendo nessa caminhada vivida na concretude da história, desde as colinas da Galileia até o Monte Calvário, em Jerusalém. Assumir o caminho do serviço é ser livre para denunciar as deturpações da "Torá", feitas em nome de tradições humanas interesseiras. É ser livre diante da religião que tende a absolutizar o valor do templo e do sábado; livre diante dos poderes religiosos e políticos, diante das discriminações etc. Trata-se de uma caminhada gratificante nos primeiros tempos da vida pública, quando o povo parecia aberto à proposta do Reino de Deus. Mas, uma caminhada que vai se apresentando de maneira árida, dura e sofrida a partir da crise da Galileia, quando as nuvens escuras de rejeição e de perseguição vão se adensando até o desfecho do Horto das Oliveiras e da Cruz.

Concluindo, emerge dos evangelhos uma imagem de Jesus enraizada e aberta à complexidade da realidade do seu mundo, muito distante da imagem de alguém prisioneiro dos sonhos e das ilusões infantis. Sim, ressalta A. Torres Queiruga, a relação filial de Jesus

---

168 Cf. BENZO, M. *Teología para universitarios*. 6. ed. Madri: Cristiandad, 1977, p. 185-194.

nada tem de regressão infantil, pois, ao contrário, é uma relação que vai amadurecendo confrontada com o "princípio da realidade"[169], representado pela oposição dos dirigentes do povo, pela incompreensão e pelo abandono dos discípulos, pela interpretação superficial e interesseira do povo etc. De fato, Jesus nos revela Deus como *Abbá*, com acentuações muito próprias. E que distam muito do infantilismo regressivo que o termo "pai" leva consigo para muitos. E as comunidades eclesiais? Infelizmente, é necessário reconhecer que há um longo caminho para percorrer na evangelização, na catequese e na espiritualidade para ajudar a que, cada vez mais, pessoas possam viver uma relação adulta com Deus Pai.

Diante da crítica freudiana da religião, os cristãos são chamados a rever a qualidade da relação com Deus Pai. No intuito de ajudar nessa revisão, procurarei, no item seguinte, dar mais um passo na especificação da originalidade do Deus Pai cristão.

4 O Deus Pai cristão é um Deus do amor gratuito que "se esvazia" (Kenose) por amor

Para abordar este tema, vou dividir a reflexão em dois subitens. Certamente, com um conteúdo apresentado de maneira muito sumária.

4.1 Ambiguidade na Igreja a respeito da realidade do Deus cristão

A respeito da fé em Deus existe não pouca ambiguidade nas comunidades católicas. Ambiguidade que perpassa a história da Igreja. Divisões, cismas, brigas, condenações mútuas... estão presentes na caminhada histórica da Igreja. E todos invocam o Deus cristão! Será que a realidade de Deus se presta para qualquer tipo de interpretação? Como pode o crente católico, leigo ou ministro ordenado, discernir o que podemos chamar de identidade do Deus cristão?

---

169 Cf. TORRES QUEIRUGA, A. *Creio em Deus Pai* – O Deus de Jesus como afirmação plena do humano. Op. cit., p. 112.

A resposta é dada já em Jo 1,18: "Ninguém jamais viu a Deus; o Filho único de Deus, que estava no seio de Deus, o revelou". É contemplando a prática e a mensagem de Jesus, bem como o sentido que ele deu à sua vida, morte e ressurreição que podemos ir vislumbrando quem é o Deus revelado por ele. Este é o caminho do discernimento fundamental para superar a ambiguidade a respeito da realidade do Deus cristão. Este é o caminho para repensar a imagem que temos de Deus e, concomitantemente, a imagem que temos do ser humano, pois a partir da fé bíblico-cristã, a visão do ser humano está inseparavelmente unida com a visão que temos de Deus. Algo semelhante podemos falar da relação entre a imagem de Deus e a visão que temos da Igreja.

Comecemos pela íntima união entre a imagem de Deus e a imagem do ser humano. O porquê desta vinculação é bem conhecido: somos criados à imagem de Deus (Gn 1,26-27). Se o Deus em que acreditamos é visto como o Ser Supremo, Sujeito e Senhor absoluto, Dominador universal, fechado na sua esplêndida solidão, é claro que o ser humano, criado à imagem deste Deus, procurará viver cada vez mais sua humanidade de maneira arrogante e dominadora dos outros seres humanos, aceitos e valorizados só na medida em que satisfazem a expectativa dele (subjetividade fechada). O mundo da natureza, desprovido de todo simbolismo, será meramente objetivado e instrumentalizado, convertido em mero objeto de pesquisa e de exploração. Esta é a crítica feita, hoje, ao antropocentrismo unilateral, desenvolvido na civilização industrial. A conclusão é bem conhecida: está justificada em nome de Deus a exploração dos pobres e fracos, o domínio sobre outras culturas, raças, religiões etc., consideradas inferiores. Do mesmo modo fica justificada a relação meramente instrumental com a natureza.

Bem diferente é a proposta de humanização do ser humano quando se aceita, de fato, o Deus da Vida, o Deus da Criatividade, o Deus do amor gratuito e misericordioso, o Deus que em si mesmo é Relação, Comunidade (Trindade). O ser humano, criado à imagem deste Deus, procurará desenvolver um projeto de humanização que ressalta acima de tudo a abertura para acolher o dom de Deus e para aceitar e valorizar a outra pessoa como "outra", estabelecendo relações de solidariedade, compreensão, misericórdia... Desenvolverá concomitantemente relações com o mundo da natureza pautadas pelo respeito e o cuidado com a biosfera, na qual está integrado o ser humano, pelo uso responsável dos recursos naturais e penetradas de admiração e agradecimento diante do rico simbolismo (sacramentalidade) desse mundo criado pelo amor de Deus.

Certamente, a descrição anterior é muito esquemática e não capta os muitos e complexos matizes existentes na realidade das atitudes humanas. É suficiente, contudo, para que fique claro o quanto a imagem de Deus influencia no nosso projeto de humanização e na renovação atual da Igreja.

Pois, a revisão da imagem Deus implica também repensar a imagem que temos da Igreja e de sua missão evangelizadora. Sabemos que a Igreja é sinal do Deus Trindade, Deus Relacional, Deus Amor. Em consequência, no ser e no agir da Igreja, devem estar refletidos a relacionalidade, a liberdade e o amor de Deus.

Assim, a tarefa de renovação da Igreja fica também clarificada. Uma Igreja que deve ser renovada nos seus fiéis, leigos e ministros ordenados, e igualmente nas instituições e estruturas eclesiais. Uma Igreja considerada, sobretudo como Povo de Deus itinerante, Igreja humilde, aberta ao futuro, realmente servidora, especialmente das pessoas mais abandonadas e desprezadas. Uma Igreja comunidade viva, sinodal, na qual todos os seus membros são responsáveis, superando todo tipo de clericalismo. Uma Igreja pobre com os pobres (Papa Francisco) e que sabe colocar a misericórdia e a compaixão acima do direito etc. Certamente, outras características podem e devem ser acrescentadas.

Evidentemente, a revisão da imagem de Deus repercute diretamente na maneira como a Igreja vive sua ação missionário-evangelizadora. Quando predomina a imagem de um Deus onipotente entendido como força impositiva, a ação missionária deriva facilmente para a dominação cultural e religiosa do povo a ser evangelizado (evangelização colonizadora). Na "evangelização" do índio e do negro temos, na Igreja do Brasil, infelizmente, muitos exemplos desse modo de ação missionária.

Muito diferente é a evangelização quando predomina a imagem do Deus onipotente no amor: a cultura e todo o contexto histórico de um povo são respeitados e valorizados, embora seja verdade que em toda cultura existem elementos que exigem conversão evangélica. O anúncio da boa-nova de Jesus Cristo é feito a partir do outro, da sua situação existencial e cultural (evangelização inculturada).

Lembremos as afirmações do Papa Francisco no n. 117 da EG: "a diversidade cultural não ameaça a vida da Igreja. Ela não se identifica com nenhuma cultura, é transcultural. Não sacralizar a própria cultura".

4.2. A revisão atual da imagem do Deus cristão

Mas, como se encontra hoje a revisão em curso da imagem de Deus em nossas comunidades cristãs? Parece-me que duas dimensões básicas estão sendo especialmente ressaltadas. Primeiramente, o aprofundamento na realidade de que o Amor de Deus é totalmente gratuito e incondicional. Em segundo lugar, a revalorização da fé na Encarnação, centrada em torno do significado da *kenose*[170].

O tema da gratuidade do Amor de Deus tem sido bastante estudado e aprofundado teológica e espiritualmente na Igreja atual[171]. Por isso, neste item, me limitarei a focalizar apenas o tema do "esvaziamento" (*kenose)* de Deus na Encarnação.

---

170 Os termos *"kenose"* e "kenótico", neologismos, são derivados do grego *"ekenosen"*, "esvaziou-se" (Fl 2,7), aplicado a Jesus Cristo, Deus feito limitação humana.

171 Eu mesmo tratei o tema da gratuidade do Reino de Deus anunciado por Jesus em GARCÍA RUBIO, A. *O encontro com Jesus Cristo vivo* – Um ensaio de cristologia para nossos dias. Op. cit., p. 38ss. Convém lembrar aqui, no entanto, que a pretensão de conseguir a justificação pelas próprias obras continua presente nas Igrejas. Trata-se de uma atitude que reaparece constantemente no caminhar da Igreja, com nomes e acentuações diferentes: farisaísmo, pelagianismo, semipelagianismo ou, então, o neopelagianismo na Igreja atual. Cf. PAPA FRANCISCO. *Exortação Apostólica "Gaudete et Exultate"* – Sobre o chamado à santidade no mundo atual. São Paulo: Paulinas, 2018, n. 47-62, p. 34-43.

O tema da *kenose* divina faz parte também fundamental da fé no Deus cristão (cf. o texto básico de Fl 2,6-11). Na encarnação (cf. Jo 1,14), a fé cristã encontra a estupenda e desconcertante revelação do Deus que, voluntariamente, se faz pequeno, um ser humano como nós, sujeito a todas as limitações do viver humano, exceto o pecado (cf. Hb 4,15).

Recentemente, o tema da *kenose* de Deus tem sido revalorizado em teologia, devido ao desafio do ateísmo e à necessidade do diálogo fecundo com a ciência atual, especialmente com a visão evolucionista do mundo e da vida, incluída a vida humana.

Pelo que se refere ao desafio do ateísmo, é sabido que, no núcleo da opção pela negação de Deus, está a impossibilidade experimentada pelo ateu de articular o descobrimento da subjetividade humana, entendida como autonomia e independência, com a existência de um Deus onipotente, apresentado como Senhor e Dominador universal, Ser supremo, Soberano Absoluto diante do qual o ser humano se sente reduzido a nada.

A pergunta foi tornando-se inevitável no âmbito da reflexão teológica: o Deus rejeitado pelo ateísmo é o mesmo Deus revelado mediante Jesus Cristo?

A resposta deve ser claramente negativa. Já vimos acima, neste mesmo capítulo, como a imagem de um Deus que anula a autonomia do ser humano de forma alguma coincide com o Deus criador-salvador da revelação bíblica. Para aprofundar esta resposta, ultimamente, o tema do "esvaziamento" do Deus cristão tem sido desenvolvido, especialmente pelos teólogos que dialogam com os cientistas (quase a unanimidade) que defendem a visão evolucionista do mundo e da vida[172].

---

172 Para uma visão resumida do como se encontra na atualidade o diálogo entre teólogos e cientistas, sobretudo com aqueles que defendem uma visão evolucionista do mundo e da vida, cf. GARCÍA RUBIO, A. "A teologia da criação desafiada pela visão evolucionista da vida e do cosmo". In: GARCÍA RUBIO, A. & PORTELLA AMADO, J. (orgs.). *Fé cristã e pensamento evolucionista* – Aproximações teológico--pastorais a um tema desafiador. São Paulo: Paulinas, 2012, p. 15-54.

Alguns destes teólogos são também cientistas (físicos, biólogos, astrofísicos...) e percebem claramente a dificuldade ou mesmo impossibilidade que experimenta o cientista para aceitar um Deus onipotente, entendido como Senhor absoluto e controlador do universo, um Deus "intervencionista", que manipula as leis da natureza e o processo evolutivo.

Para ajudar a superar esta dificuldade, estes teólogos procuram desvincular a fé em Deus criador do deus da filosofia e das religiões. Não se trata de desvalorizar as sínteses teológicas conseguidas pelos grandes mestres do passado. Na época patrística, eles souberam responder bem aos desafios do pensamento filosófico grego, utilizando criticamente a mediação das filosofias neoplatônica, aristotélica ou estoica. De modo semelhante, na época medieval, Santo Tomás, como visto acima, utilizará a mediação do aristotelismo para responder aos novos desafios do século XIII. Todos procuraram repensar a fé no Deus cristão utilizando as mediações da cultura da época, com a finalidade de apresentar a fé em Deus de maneira significativa para homens e mulheres do seu tempo histórico. A fé foi expressa utilizando, como mediação cultural, a visão do mundo e do ser humano tomada do pensamento filosófico clássico-medieval.

Mas, com o passar do tempo, a fé cristã em Deus criador foi sendo quase identificada com essas mediações culturais e filosóficas utilizadas pelos grandes teólogos da época patrística e medieval. Como é bem conhecido, na ciência e na cultura moderna, se desenvolve uma nova visão do mundo e do ser humano muito diferente da visão antiga-medieval. A fé cristã em Deus continuou, porém, sendo apresentada, nas Igrejas, mediante a cosmovisão antiga, entrando em conflito com a visão moderna do mundo e do ser humano.

Fundamentados na nova visão do mundo, os cientistas rejeitaram a cosmovisão antiga, e junto com ela, muitos rejeitaram também a fé em Deus, dado que essa fé aparecia identificada com a visão antiga do mundo. E por parte da teologia e da Igreja, a nova visão da ciência moderna foi considerada frequentemente como contrária à fé cristã. A crise e o confronto, assim, tornaram-se inevitáveis.

A teologia católica demorou muito para reagir de maneira fecunda a essa crise. Só aos poucos, os teólogos foram percebendo que era necessário, não o confronto ou a negação, mas o diálogo com a Modernidade. No nível do magistério eclesial, foi necessário esperar até o Concílio Vaticano II.

Neste movimento de aproximação dialógica, se situam os teólogos que hoje dialogam com aqueles cientistas que defendem uma visão evolucionista do mundo e da vida.

Estes teólogos acentuam o caráter *relacional* do Deus cristão, pois se trata de um Deus Trindade, Relação, Amor. Ora, sabemos pela revelação divina que esse Deus que é Relação e Amor, por amor e com total liberdade, decide tornar-se um ser humano frágil como todos os seres humanos, provado em tudo como nós exceto no pecado pessoal (cf. Hb 4,15). Nesse dinamismo encarnatório consiste o "esvaziamento" (*kenose)* do Deus cristão[173].

A conclusão é fácil de ser percebida: diante desse Deus "kenótico", o cientista não tem porque temer o controle e a manipulação das criaturas e, sobretudo do ser humano, por parte do poder divino.

Certamente, a reflexão sobre a realidade da *kenose* do Deus cristão não pretende negar a onipotência de Deus. Que Deus é onipotente é uma afirmação de fé que perpassa a Sagrada Escritura e faz parte da grande tradição cristã. Mas, é necessário e urgente precisar em que consiste a onipotência do Deus da *kenose*. A reflexão teológica afirmou que Deus é onipotente pela sua natureza divina. Só que, conforme a fé cristã na realidade da Trindade em Deus, o Ser mesmo de Deus é Relacional. Esta foi uma grande novidade do cristianismo no mundo filosófico grego. Conforme a fé cristã no Deus Trindade, a relação é tão divina quanto a substância ou natureza[174].

E convém acrescentar aqui que o mesmo "dinamismo kenótico" revelado na Encarnação se encontra já presente na criação. A criação é obra do Deus Trindade, um Deus que com total liberdade "dei-

---

173 Sobre a "kenose" do Deus cristão, cf. Ibid., p. 37-39.

174 Cf. RATZINGER, J. *Introdução ao cristianismo* – Preleções sobre o Símbolo Apostólico. São Paulo: Herder, 1970, p. 141.

xa ser" a criatura, abre um espaço real para a autonomia da criatura e do dinamismo evolutivo. É um Deus que respeita as leis e o devir evolutivo. A criação é obra do amor de Deus, ação criadora penetrada de imenso respeito, que não domina nem instrumentaliza a criatura. É no caso do ser humano, criado à imagem de Deus e, assim, chamado a viver a liberdade, a criatividade, a responsabilidade e o amor, que aparece de modo especial esse cuidado e esse respeito do Amor criador de Deus.

Mas, Deus não age continuamente no ser humano e em toda criatura? Sim, mas também em relação ao agir divino na criação se faz necessária uma revisão, superando a imagem de um Deus "intervencionista" que age nas criaturas "desde fora". O agir de Deus nas criaturas e em cada ser humano é incessante, mas no interior delas. Porém, como ensinava a teologia clássica é um agir transcendental, próprio de Deus. A causalidade de Deus não é mais uma causa intramundana entre outras (causas categoriais, na terminologia clássica). Deus age no interior das causas intramundanas, sempre transcendentalmente, fundamentando e potencializando essas causas, nada tirando da autonomia própria da criatura ou das leis da natureza.

O significado da onipotência em Deus é repensado a partir desse movimento divino "kenótico". O Deus revelado em Jesus Cristo manifesta um poder muito original e desconcertante: revela-se um Deus "humilde", um Deus que "se esvazia" (Fl 2,6-11). Onipotente, sim, mas no amor, na misericórdia e no perdão. Ele é tão poderoso que pode, livremente e por amor, tornar-se "pequeno", frágil...

E dado que a *kenose* do Deus Amor nos revela a originalidade desconcertante da onipotência de Deus, será necessário rever o significado do nosso *poder,* uma vez que somos criados à imagem deste Deus, bem como o poder exercido na Igreja. O desejo de poder está em todo ser humano. Não se trata de negar esse desejo, mas de se perguntar: O que farei com o poder que tenho, muito ou pouco? O meu poder é vivido para promover o meu ego, dominando, manipulando e controlando os outros seres humanos e o mundo da natureza (subjetividade fechada)? Ou exerço meu poder para ajudar os outros a crescer na sua humanização, longe de toda dominação ou destruição da sua autonomia? *Sim, o verdadeiro poder é o poder do amor!*

A renovação da Igreja exige, e de modo muito especial, a revisão do modo como é entendido e praticado o poder. Não o poder exercido como dominação e controle dos outros. E convém ressaltar que exercer o poder dominador em nome de Deus é particularmente perverso, porque "sacraliza" a dominação.

O poder do Deus onipotente no amor orienta, ao contrário, para o exercício do poder vivido na Igreja para ajudar o outro a crescer na liberdade e na responsabilidade como ser humano e como membro da comunidade eclesial. É um poder que "sai de si próprio" (esvaziamento) para se encontrar com os outros reconhecidos e valorizados como outros (subjetividade aberta), para caminhar junto com eles, ajudando e sendo ajudado, no caminho do seguimento de Jesus.

À luz da teologia da *kenose* e da prática de Jesus (cf. Mc 10,35-45; Jo 13,12-17...), as duras críticas do Papa Francisco contra o clericalismo na Igreja atual encontram-se plenamente justificadas.

Para colaborar com essa revisão, focalizarei, a seguir e a modo de conclusão, algumas implicações da temática aqui exposta para a vida eclesial, começando pelo teólogo.

Conclusões

1) É importante que o teólogo tome consciência do perigo de engano que existe na sua reflexão teológica. O perigo está em que a linguagem teológica, dado que trabalha com conceitos que apontam para realidades absolutas que, por definição, pareceriam estar imunes a toda suspeita de ilusão, acabe sendo considerada isenta de engano e, assim, seja sacralizada. Ou, em outras palavras, o perigo consiste em considerar que a linguagem teológica se identifica com a verdade absoluta que é Deus. É fácil esquecer que nossa linguagem sobre Deus é isso, linguagem humana, necessariamente expressa numa determinada cultura e sujeita às limitações e tenta-

ções da linguagem humana. Ora, a sacralização de uma linguagem ou de determinadas ideias, observa Morano, está relacionada com os sentimentos infantis de onipotência. Quando esta sacralização acontece, o dogma torna-se dogmatismo[175].

Não parece demais insistir na necessidade de que o teólogo tome consciência de que a teologia pode converter-se em ótimo refúgio do sentimento infantil de onipotência. Impossível encontrar um outro objeto de desejo mais total. Sendo Deus Onipotente, Onisciente e o Sumo Bem, não poderá frustrar esse desejo. Nada melhor do que Deus para satisfazer o desejo presente no inconsciente de encontrar a totalidade, o absoluto.

Quem conhece ambientes teológicos, sabe que não é infrequente encontrar pessoas prisioneiras de acentuado narcisismo, dotadas de uma arrogância e de um desejo quase descontrolado de serem o centro da reflexão e da atenção. E isso pode acontecer, precisamente – grande ironia! – quando a reflexão trata do Deus Pai revelado mediante Jesus Cristo, o Deus que, experimentado na própria vida, liberta o ser humano das ilusões narcisistas, colocando-o no caminho da saída de si próprio para o encontro com os outros reconhecidos e valorizados como outros.

2) Seguindo o exemplo de Jesus Cristo, o cristão invoca Deus como Pai. E, assim, nesta perspectiva, pode emergir a questão da problemática edipiana, da relação pai-filho analisada por Freud. Por isto, é necessário enfrentar a pergunta: será que esse Deus Pai e a relação filial com ele pertencem ao mundo imaginário, na perspectiva do desejo infantil de onipotência? Vimos acima como isso pode acontecer facilmente. Então, alguém poderá sugerir para suprimir esse risco: vamos cortar o mal pela raiz, eliminando toda conotação edipiana na relação com Deus! Só que isto seria cair em uma ilusão ainda mais radical, a saber, a ilusão de que podemos relacionar-nos com Deus de maneira abstrata, sem vinculação com o nosso psiquismo. Seria esquecer que o *simbolismo* é indispensável em nossa

---

175 Cf. MORANO, C.D. *El psicoanálisis freudiano de la religión* – Análisis textual y comentario crítico. Op. cit., p. 494.

relação com Deus. Mas, note-se bem: trata-se de *simbolismo*, algo muito distinto do mundo ilusório imaginado pela criança.

O perigo da projeção em Deus dos sentimentos de onipotência é real, mas isto não quer dizer que Deus não possa ser vivenciado como Pai e como Mãe. De fato, os símbolos pai e mãe estão intimamente unidos em nossa representação de Deus. Mais ainda, esta relação com Deus como Pai e como Mãe é de primordial importância, porque pai e mãe constituem símbolos com profundas repercussões religiosas[176]; símbolos importantes que fazem com que a nossa relação com Deus seja rica afetivamente, vitalmente. O que importa aqui é que a relação com Deus Pai/Mãe seja colocada no campo simbólico. Nas palavras de Morano,

> trata-se de uma relação que possui a capacidade de deitar suas raízes nos níveis mais profundos de nosso mundo afetivo, mas, que, ao mesmo tempo, não pretende ignorar com eles as condições e as limitações que a realidade ou a intersubjetividade nos impõe[177].

É uma relação que não "controla" Deus, que não o manipula, que respeita a sua liberdade. Os dois perigos graves a serem evitados na relação com Deus são: primeiramente, o perigo de uma relação abstrata, incapaz de "tocar" a nossa afetividade em profundidade, evitando chamar a Deus de Pai ou Mãe ou qualquer outra conotação afetiva. Em segundo lugar está o perigo de perder-se no imaginário, na nostalgia regressiva infantil do desejo de onipotência para defender-se das limitações e da dureza da realidade, ficando, destarte, a pessoa prisioneira da ilusão e da alienação. Vimos acima que o Deus do desejo infantil de onipotência não passa de um fantasma arcaico e regressivo que, em definitivo, "fecha o caminho da própria autonomia"[178]. Neste ponto, a crítica freudiana à religião revela-se valiosa. Na pastoral, no trabalho concreto da formação, é necessário ter presente que é mediante a referência à mãe e ao pai que a reve-

---

176 Cf. MORANO, C.D. *Crer depois de Freud*. Op. cit., p. 118-119.

177 Ibid., p. 112.

178 MORANO, C.D. *El psicoanálisis freudiano de la religión* – Análisis textual y comentario crítico. Op. cit., p. 497.

lação de Deus encontra uma raiz afetiva profunda no ser humano. Isto nunca deveria ser levianamente desprezado, com o pretexto de que se presta a confusões e ambivalências. Entretanto, é igualmente necessário que, no trabalho pastoral, a pessoa seja ajudada a caminhar para a maturidade na fé, o que supõe a superação da tentação de confundir Deus com o pai e com a mãe.

No que diz respeito à relação com Deus como Pai de maneira adulta, como Jesus, convém notar, com A. Torres Queiruga, que, para viver a experiência da paternidade divina, não é pressuposto indispensável, embora seja importante, experimentar o amor e a ternura do pai, pois "na carência de uma paternidade humana *pode* inscrever-se com força o pressentimento de outra paternidade mais alta e que não falha"[179].

3) Alguém poderá ainda argumentar: mas, não é verdade que Deus é todo-poderoso? É verdade, sim, mas como vimos no último item deste capítulo, a onipotência do Deus cristão é muito original: o poder de Deus é o poder do amor, que *não pode ser imposto pela força*. Em relação ao poder que domina e obriga a realizar seja lá o que for conforme a própria vontade, o Deus cristão parece *im-potente*[180]. Guiados pela miragem do poder dominador, temos muita dificuldade para aceitar o poder próprio do amor. A cruz de Jesus é a expressão mais profunda da *im-potência* do Deus cristão e, simultaneamente, do seu poder salvador. O poder do Deus amor não tira Jesus da cruz, não porque não queira, mas porque *não pode*. Ele não pode destruir a liberdade com que o ser humano foi criado[181]. Trata-se de um Deus que não se *impõe*, mas, ao contrário, "se expõe a ficar nas mãos da arbitrariedade do homem quando este rejeita o

---

179 TORRES QUEIRUGA, A. *Creio em Deus Pai* – O Deus de Jesus como afirmação plena do humano. Op. cit., p. 105.

180 A im-potência do Deus cristão é precisamente o tema de uma tese de doutorado defendida na PUC/Rio e já publicada: GOMES, P.R. *O Deus Im-potente* – O sofrimento e o mal em confronto com a cruz. Niterói: UFF, 2005.

181 Cf. esp. TORRES QUEIRUGA, A. *Do terror de Isaac ao abbá de Jesus* – Por uma nova imagem de Deus. São Paulo: Paulinas, 2001, p. 181ss.

seu amor"[182]. O Deus amor leva a sério o seu amor e a liberdade do ser humano, e, quando este se fecha ao seu amor, Ele não procura outro caminho, aquele do poder dominador, para obter os seus objetivos. Mas, atenção, é um amor expresso em Jesus de Nazaré, que opta, que enfrenta discriminações, que desvenda a hipocrisia religiosa etc. Nada tem a ver com um amor desmobilizador e superficialmente sentimental, que envolve a todos por igual[183].

Realmente, deve-se reconhecer, o Deus revelado mediante Jesus Cristo (cf. Jo 1,18) resulta desconcertante para esse desejo infantil de onipotência. É um Deus que nada tem em comum com o Deus "babá" que soluciona os problemas e responde todas as perguntas que a criança levanta. Não é que Deus não deva ser apresentado como onipotente, mas trata-se de uma onipotência distinta de nossos sonhos e ilusões infantis. É uma onipotência que mais parece *im-potência*, conforme os nossos desejos e imaginações. Um Deus que não responde conforme os nossos desejos, que não elimina a morte etc. Esse Deus feito homem viveu a existência humana, com todos os seus condicionamentos e limitações, com a exceção do pecado (cf. Hb 4,15). O escândalo da cruz é, sem dúvida, o escândalo provocado pelo Deus de Jesus Cristo, que é também o Deus que nós confessamos[184].

Convém aqui acrescentar que não se trata de demonizar o poder. Jesus tinha poder. Nós também temos algum poder na Igreja e na sociedade. Diante deste poder, muito ou pouco, a pergunta que deveria ser feita é a seguinte: o que faço com meu poder? É vivido a serviço da promoção e da vida dos outros e do cuidado com as outas criaturas que fazem parte do nosso ecossistema vital ou, ao contrário, utilizo o meu poder para promover meu "ego", para me utilizar dos outros seres humanos, para tirar proveito e para instrumentalizar os outros seres criados também pelo amor de Deus?

---

182 Cf. MORANO, C.D. *Crer depois de Freud*. Op. cit., p. 137.

183 Cf. Ibid., p.138.

184 Cf. MORANO, C.D. *El psicoanálisis freudiano de la religión* – Análisis textual y comentario crítico. Op. cit., 1991, p. 498.

4) Em contraste brutal com os sonhos e ilusões infantis de onipotência, a psicanálise mostra que a maturidade do ser humano, a conquista da autonomia e da responsabilidade só podem ser atingidas, sempre em processo, quando a pessoa renuncia a essas ilusões tão belas, mas irreais, e aceita e assume a realidade da própria limitação e da limitação dos outros. É verdade que a pessoa se encontra, então, desamparada no mundo. Isto conduz ao niilismo e ao desânimo? Pode acontecer, sim. Mas pode levar também ao encontro autêntico com a própria realidade interior, com a realidade dos outros e do mundo. O desejo continua a existir sempre no ser humano, mas é um desejo que reconhece sua carência e não cria mundos ilusórios para fazer perdurar os sentimentos de onipotência. A pessoa pode, assim, encontrar-se autenticamente com os outros e com o mundo, vistos na sua alteridade. E, acrescenta Morano, pode encontrar-se com Deus[185], em uma relação muito distinta do infantilismo religioso, com um Deus aceito na sua novidade, superada a necessidade narcisista de instrumentalizá-lo, de considerá-lo o Objeto que vai saciar a sede e a fome de onipotência, que vai tornar possível o sonho de continuar alimentando os sentimentos de onipotência.

Como é importante, aqui, o cuidado pastoral para não alimentar as ilusões e sonhos de onipotência, o cuidado para, partindo da realidade das pessoas, e de maneira pedagógica, mostrar que, na vida atual, *nada* poderá suprir a nossa carência radical e que é necessário aceitar a condição humana limitada, finita, incluindo a própria morte! Na linguagem teológica, isto significa aceitar a realidade da *criaturidade*.

5) A distinção psicológica entre *necessidade e desejo* pode ajudar a perceber melhor em que consiste a relação adulta com Deus Pai. Vejamos. A pessoa prisioneira da *necessidade* (necessi-

---

185 Cf. MORANO, C.D. *Crer depois de Freud*. Op. cit., p. 105ss.

dade formulada com a expressão: "Não posso viver sem você", ou outra semelhante) ainda não é livre na relação com a outra pessoa da qual afirma ter necessidade e que pode ser facilmente coisificada e instrumentalizada. Essa pessoa ainda está dominada pelos sentimentos infantis de onipotência que não foram superados. Lembremos que essa é a atitude típica do bebê. O desejo da pessoa que vai amadurecendo como pessoa é de qualidade muito distinta. É um desejo que já superou a *necessidade* do outro, que sabe viver sem a outra pessoa. Assim, o desejo da outra pessoa leva consigo o respeito, a aceitação e a valorização dela precisamente como outra pessoa. Permite que a outra pessoa seja outra, no polo oposto da necessidade de dominá-la como se fosse um objeto para o próprio proveito.

Agora podemos avaliar melhor a importância da distinção entre a relação com Deus vivida na perspectiva da necessidade ou na perspectiva do desejo.

> Quando Deus se faz necessário, converte-se em um objeto de consumo e, portanto, de destruição. O Deus necessário, o Deus evidente e óbvio é um Deus confundido com as suas mediações, tal como o bebê confunde a sua mãe com o peito que o alimenta[186].

A necessidade manipula Deus, instrumentalizando-o a serviço do crente. O Deus "necessário" não passa de um ídolo, supostamente a serviço dos interesses do crente. O desejo respeita Deus na sua transcendência, na sua novidade desconcertante e imprevisível. E nunca faz dele o grande "tapa-buraco" das próprias carências e da própria solidão existencial.

Alguém, no entanto, poderá observar: não é verdade que, pelo fato de sermos criaturas e, assim, radicalmente carentes, temos necessidade de Deus, uma vez que sem Ele nem poderíamos existir? Sim, esta é uma realidade constitutiva do nosso ser de criaturas. Por isso, convém esclarecer que, quando aplicamos à nossa relação com Deus a distinção entre *necessidade e desejo*, situamo-nos em um pla-

---

186 Ibid., p. 108.

no distinto, no nível propriamente psicológico. Neste nível, e em uma perspectiva pastoral, o que importa é que a pessoa possa ser ajudada a superar a necessidade de Deus, entendida como sua manipulação e instrumentalização, e a abrir-se à aceitação de Deus como Deus, com toda a sua novidade e liberdade surpreendentes.

6) A maneira patriarcal de ser vivida a paternidade é um fenômeno cultural que está presente também nas comunidades eclesiais. O patriarcalismo na cultura influencia na visão de Deus com fortes traços patriarcais e, por sua vez, esta visão patriarcal de Deus reforça as estruturas patriarcais da sociedade. Conforme temos visto nas reflexões anteriores, o Deus Pai revelado mediante Jesus Cristo distancia-se muito das características do patriarcado. A mesma coisa deve ser afirmada sobre a revelação do Deus Pai no âmbito trinitário.

Embora o objetivo destas reflexões esteja limitado ao tipo de relacionamento do sujeito humano cristão com Deus Pai, não é possível passar por alto da realidade fundamental da fé cristã que confessa a Trindade de pessoas em Deus: relação de amor do Pai com o Filho no Espírito Santo. Trata-se de um Deus que, em si mesmo, é comunidade de amor; um Deus revelado como Pai desde toda a eternidade e que, por isso, revela-se Pai de Jesus Cristo. Deus é Pai, entendido como doação total de si, pura relação de generosidade. Deus Pai é princípio fundante intradivino, doação plena de si, mas de tal maneira que esse oferecimento de si, precisamente porque é amor, suscita a comunhão de vida e amor com o Filho no Espírito[187].

A crise atual da paternidade é conhecida de todos. Com não pouca frequência, o pai tem sido uma figura ausente na família. E, quando presente, tende a reproduzir o modelo patriarcal de paternidade, ainda predominante em nossa cultura. É verdade que a figura do pai patriarcal, autoritário, sem ternura, dominador e castrador, levanta forte oposição, nos dias de hoje. E com toda razão, pois o desenvolvimento da autonomia e da liberdade

---

187 Cf. Cf. PIKAZA, X. "Pai". Op. cit., p. 651.

do filho é obstaculizado ou impedido com esse tipo de paternidade. Só que, depois de tantos séculos de condicionamento cultural patriarcal, o ser humano varão, hoje, parece ter muita dificuldade para viver o seu ser masculino, e, mais concretamente, sua paternidade, fora desse modelo patriarcal. A indagação que surge aqui pode ser assim resumida: como ser fonte de vida em comunhão com a mãe, ajudando o filho a superar a tendência à fusão infantil com o materno, colocando os limites necessários para seu crescimento em liberdade e autonomia pessoal, criando um ambiente em que a firmeza e a ternura se encontram intimamente vinculadas? Em uma perspectiva pastoral, convém perguntar: a fé viva em Deus Pai, no âmbito trinitário, revelado na relação com o Filho encarnado que é Jesus Cristo, não poderá ajudar na revalorização da paternidade humana, em moldes muito distintos dos patriarcais?

7) Deus Pai de Jesus Cristo e nosso Pai. Logo, como irmãos e irmãs de Jesus Cristo – o primogênito – somos filhos e filhas no Filho. Obviamente, ter Deus como Pai leva consigo a aceitação prática de que somos irmãos e irmãs, com a exigência da criação de relações realmente fraternas. A *koinonia,* a comunhão fraterna, constitui o principal sinal de que a relação com Deus é amadurecida. Ao mesmo tempo, é também indispensável e urgente, na Igreja, mostrar pelo testemunho, mediante o compromisso concreto na luta pela justiça e mediante o empenho na vivência do amor efetivo, que a fé em Deus Pai não é uma regressão infantil nem uma grandiosa ilusão; que a fé em Deus Pai é um símbolo e não um fantasma regressivo. Os discursos, incluída a reflexão teológica a este respeito, têm se mostrado insuficientes.

4

O desafio do mal: violência e a experiência cristã comunitária

Introdução

Na qualidade de homens e mulheres cristãos, questionamo-nos a respeito da nossa possível resposta ao assustador desafio da violência, cada dia mais presente no nosso mundo. Neste capítulo não vamos estudar as complexas causas da violência, nem mesmo as distintas respostas que os cristãos, a título individual e eclesial, são chamados a dar a esse desafio. Pretende-se algo bem mais modesto: focalizar a necessidade do testemunho cristão de uma autêntica vida comunitária, sinal vivo de que a paz é possível. Pode parecer um sinal pequeno, diante da enormidade do desafio da violência, mas ele contém a eficácia misteriosa própria dos sinais da atuação, hoje, do Reinado de Deus.

Uma vez que a experiência cristã de Deus possui uma dimensão comunitária, será fácil concluir o quanto é importante, para o processo de amadurecimento nessa experiência, o desenvolvimento de autênticas comunidades eclesiais, antropologicamente *sadias*. E assim, conforme foi assinalado na Introdução Geral, focalizarei neste capítulo a realidade da comunidade eclesial. Na experiência, realmente comunitária encontra-se, simultaneamente, uma resposta ao desafio da violência e o ambiente adequado para o processo de desenvolvimento em direção a uma fé mais amadurecida.

Vou proceder da seguinte maneira: primeiramente, recordarei o fato de que a violência está presente em cada um de nós (item 1).

A seguir, examinarei, sumariamente, os caminhos apresentados por três autores que, a partir de enfoques distintos, procuram uma resposta ao desafio da violência (item 2). Ora, os caminhos por eles apontados, a saber: a vivência da fraternidade (E. Morin), a reconciliação sem a vítima expiatória (R. Girard) e a defesa-ajuda às vítimas (A. Gesché) encontram um lugar privilegiado de concretização na experiência comunitária sadia. Mas, por sua vez, esta experiência supõe que as pessoas que integram o viver comunitário vão desenvolvendo o processo que conduz à maturidade afetiva, vivida na subjetividade aberta. Como consequência, torna-se necessário explicitar em que consiste a especificidade da afetividade e da subjetividade humanas (item 3). Finalmente, depois dessa fundamentação, dispomos dos elementos antropológicos para caracterizar a comunidade eclesial sadia (item 4).

Não será supérfluo repetir que esta reflexão se fundamenta na visão integrada do ser humano. É no interior dessa unidade radical da pessoa, com toda a sua riqueza de dimensões e aspectos, que privilegio a distinção entre as dimensões *biológica, psíquica e espiritual ou noética*[188].

1 A violência aninhada no coração humano

Tentar enumerar as distintas modalidades com que se apresenta a violência humana parece um empreendimento quase impossível, tantas e tão variadas são as suas manifestações[189]. Normalmente,

---

188 Em minha obra de antropologia teológica (*Unidade na pluralidade – O ser humano à luz da fé e da reflexão cristãs*. Op. cit.) utilizo a distinção entre alma e corpo, porque ela é mais útil para apresentar o dualismo antigo e moderno, as suas consequências e a necessidade de superá-lo, substituindo-o por uma visão integrada do ser humano. Na obra *Evangelização e maturidade afetiva* (Op. cit.) utilizo a divisão tripartite, mais adequada para o estudo da realidade humana da afetividade.

189 Para uma apresentação panorâmica da violência no Brasil, cf., entre outros trabalhos, DAMACENA, A. & ARNAUD, E. "Violência no Brasil: representações de um mosaico". In: *Cadernos Ceris*, 1, 2001, p. 7-33. Para uma reflexão teológico-pastoral sobre essa realidade, cf. PEDROSA DE PADUA, L. "Evangelizar uma cultura violenta". In: Ibid., p. 35-59. Sobre a possível relação entre religião e violência, cf. BINGEMER, M.C.L. "Crer depois de 11 de setembro de 2001 – Atualidade da violência nas três religiões monoteístas". In: *Convergência*, 371, 2004, p. 163-183.

prestamos atenção às violências apresentadas pela televisão e pelos meios de comunicação em geral. E ficamos impressionados, chocados, e comentamos escandalizados, até que ponto pode chegar a maldade humana: os assassinatos a sangue frio ou motivados por uma intensa paixão, a tremenda desumanidade da guerra, das ações terroristas, da tortura praticada pelos que deveriam defender a vida e a integridade das pessoas, da enorme violência contra mulheres e crianças etc. Tudo isto nos impressiona. Ficamos preocupados. Lamentamos um pouco... e, logo depois, vamos jantar e continuar a nossa vida. Também, o que é que podemos fazer? Essa violência brutal, constatamos, está fora de nós, pessoas educadas, que jamais cometeríamos semelhantes barbaridades. Sim, existe muita violência no ser humano, mas, trata-se, pensamos, do homem ou da mulher ainda prisioneiros da ignorância, de pesados condicionamentos culturais ou de uma herança genética que inclina para a violência etc.

Podemos perceber também a violência presente nas relações macrossociais, nacionais ou internacionais. Violência contra os países em desenvolvimento ou, pior ainda, subdesenvolvidos. As relações de dependência violentam os mais fracos de maneira brutal. Basta lembrar as relações internacionais de comércio ou, então, o peso enorme da dívida externa que, como é sabido, acaba sendo paga pelo conjunto do povo. Esta dívida constitui uma sangria violentíssima, pois seu pagamento é tirado dos recursos indispensáveis para a saúde, educação, segurança etc. Perceber este tipo de violência supõe um grau um pouco maior de consciência, por parte do indivíduo.

A violência pode também estar dirigida contra nós mesmos. Podemos nos autoagredir, mergulhando-nos em um sentimento de culpa paralisante. O sentimento de culpa doentio é também uma forma de violência, fortemente destrutiva. Remoer mágoas indefinidamente, alimentar a raiva, o ciúme ou a inveja constituem outras tantas formas de violência contra o próprio sujeito que vive e alimenta esses sentimentos.

O desafio da violência, porém, só aparece, com toda a sua radicalidade, quando percebemos e assumimos que a violência está no coração de cada um de nós. Estou inclinado à violência, porque sou um ser violento. Claro está que a educação, a socialização, a vivência da fé religiosa etc. fazem com que a expressão da minha violência seja mais "educada", mais "civilizada". Como é fácil se enganar, quando se trata da violência que está em nós! Ficamos considerando os sintomas de nossa violência, que são, certamente, mais leves do que a brutalidade expressa por outros, a qual nós condenamos duramente. Ficamos no nível da sintomatologia e não queremos buscar a causa profunda desses sintomas. Ficamos tranquilos porque a expressão da nossa violência é pequena e nos satisfazemos com uma autoimagem ilusória e falsa. Violentos, mesmo, são os outros. Eu também sou, posso admitir, mas em grau muitíssimo menor. Nem dá para comparar.

A serpente venenosa da violência destruidora está aninhada no meu coração. No coração de cada um de nós. Esta é a constatação básica, indispensável para enfrentá-la com conhecimento de causa e de maneira profunda. E com possibilidades reais de superá-la.

Escamotear essa realidade, fingir que ela não existe, culpar sistematicamente os outros ou as estruturas injustas, refugiar-se num mundo ilusório de fantasias e de sonhos infantis constituem outras tantas correntes que nos mantêm prisioneiros da mentira e do autoengano. Trata-se de caminhos aparentemente fáceis que transitam pela planície, mas que só podem levar à esterilidade existencial. Mas, mantendo a mentira em relação à nossa própria realidade não poderemos enfrentar, de maneira responsável, o desafio da violência[190].

2 Três itinerários para a superação da violência

2.1 Como enfrentar a violência, na ótica de E. Morin

No capítulo 8 da obra em coautoria com A. Brigitte Kern, *Terra-pátria*[191], E. Morin aponta para o que ele chama de "evangelho da perdição" que vem a afirmar o seguinte: "sejamos irmãos, não por-

---

190 Sobre a sombra e a mentira, cf. cap. 1 desta obra.

191 Cf. MORIN, E. & BRIGITTE KERN, A. *Terra-pátria*. Porto Alegre: Sulina, 1995, p. 171-182.

que seremos salvos, mas porque estamos perdidos"[192]. A constatação de que não existe nada, absolutamente nada que escape à desintegração da morte está unida, em E. Morin, com a rejeição de qualquer esperança de salvação seja aquela pregada pelas religiões de salvação (uma imortalidade pessoal), seja a esperança de salvação terrestre, prometida pelo comunismo, também ele religião, embora laicizada. Sem esquecer a esperança de salvação que consistiria no progresso ilimitado apregoado pela Modernidade[193].

O desconhecido, a insatisfação radical e contínua, a incerteza são patrimônio do nosso viver humano. "Estamos na itinerância. Não marchamos por um caminho demarcado, não somos mais teleguiados pela lei do progresso, não temos nem messias nem salvação, caminhamos na noite e na neblina"[194]. Entretanto, embora haja "errância e acaso" nesse nosso caminhar, temos também "ideias-guias, valores eleitos", de maneira que nossa "itinerância se alimenta de esperança"[195]. Só que – atenção! – é uma esperança "privada de recompensa final; ela navega no oceano da desesperança"[196].

Assim sendo, surge logo a pergunta: como poderemos ser humanos nesse caminhar incerto para o desconhecido? A proposta de humanização de E. Morin passa, primeiramente, pela conscientização de que "devemos assumir a incerteza e a inquietude, devemos assumir o *dasein*, o fato de estar aí sem saber por que"[197]. É necessário aceitar que a angústia crescente é companheira inseparável dessa nossa caminhada. E as perguntas continuam: como enfrentar a angústia? É possível encontrar um caminho de humanização? "O amor é o antídoto, a réplica – não a resposta – à angústia"[198]. Mas ninguém se iluda: o amor não elimina o fato de que estamos "irremediavel-

---

192 Ibid., p. 175.

193 Cf. Ibid., p. 172.

194 Ibid., p. 173.

195 Ibid.

196 Ibid.

197 Ibid., p. 174.

198 Ibid.

mente perdidos". Daí a importância existencial do "evangelho da perdição" a que aludíamos acima. "No coração dessa perdição, finalmente reconhecida e assumida, o ser humano pode ouvir o apelo da fraternidade, superando a indiferença e a inimizade", pois "o problema chave da realização da humanidade é ampliar o *nós*, abraçar, na relação *matripatriótica* terrestre, todo *ego alter* e reconhecer nele um *alter ego*, isto é, um irmão humano"[199].

E, assim, no coração mesmo da desesperança e da angústia, finalmente assumidas como inerentes ao caminhar humano, dessa experiência radical de finitude e de perdição, brota o apelo à fraternidade, pois só a vivência da fraternidade pode tornar-nos humanos. O apelo à fraternidade deve vencer não só a indiferença, mas também "superar a inimizade. A existência de um inimigo mantém, ao mesmo tempo, nossa barbárie e a dele"[200]. Com uma profunda intuição, E. Morin nos lembra de que ninguém, nem mesmo o pior inimigo ou o pior criminoso, deve ser excluído da espécie humana, pois ele possui traços que não são criminosos. E acrescenta sabiamente: "A magnanimidade, o arrependimento e o perdão nos indicam a possibilidade de deter o círculo vicioso da vendeta, da punição, da vingança – nossa contra o inimigo e do inimigo contra nós"[201].

Só a vivência do amor entendido como fraternidade pode superar o tremendo poder destruidor da violência e da crueldade. Aqui, E. Morin faz uma pergunta muito incômoda para nós, pessoas religiosas: "será que não se poderia degelar a enorme quantidade de amor petrificado em religiões e abstrações, votá-lo não mais ao imortal, mas ao mortal?"[202].

Infelizmente, E. Morin, como muitos outros contemporâneos, não percebe que a abertura ao Outro (Deus) não tem porque alienar da fraternidade real, no hoje da história. Pena que aque-

---

199 Ibid., p. 176.

200 Ibid. p. 175-176.

201 Ibid., p. 176.

202 Ibid., p. 174.

le que soube desenvolver o pensamento complexo tenha aplicado um pensamento reducionista quando se trata da experiência de Deus! Será que a abertura ao Transcendente deve ser excluída da rica complexidade do pensamento humano? O Deus Amor *não pode congelar* o coração humano, fechando-o para a vivência do amor fraterno! Ao contrário, o encontro vivo com esse Deus só pode estar unido, inseparavelmente, à abertura à fraternidade e ao amor-serviço concretos, tal como aparece, com total clareza, no caminho percorrido por Jesus de Nazaré. E a prática de todas as pessoas que, no seguimento desse mesmo caminho, levaram a sério o compromisso cristão mostra, sem dúvidas, que a abertura-aceitação do Deus cristão implica sempre o amor concreto aos irmãos e irmãs (cf. esp. 1Jo 3,11-18; 4,7-21).

2.2 O caminho para superar a violência, conforme R. Girard

a) A origem da violência[203]

A teoria do antropólogo R. Girard sobre a origem da violência já é bastante conhecida no âmbito teológico. A violência está radicalmente presente nos grupos e nas sociedades humanas. Ora, a violência, constata este autor, inviabiliza a comunidade. Como é possível, então, para os humanos, viver a paz e criar comunidade?[204]

Como resultado das pesquisas feitas por R. Girard, chega-se à conclusão de que, historicamente, a reconciliação e a coesão comunitária têm sido possíveis, canalizando a violência de todos para fora do grupo. Trata-se, em definitivo, de desviar para alguém – a vítima –, que se encontra fora da coesão do grupo, a violência que, de outro modo, recairia sobre os membros desse grupo. Assim, ela passa a ser considerada legítima e construtiva. A violência interna

---

203 Para a teoria de R. Girard sobre a origem da violência e sobre o desejo mimético, cf. GIRARD, R. *A violência e o sagrado*. São Paulo: Paz e Terra/Unesp, 1990. O original francês é de 1972.

204 Para o que se segue, utilizo o resumo crítico do pensamento de R. Girard, feito em FAUS, J.I.G. "Violencia, religión, sociedad y cristología – Introducción a la obra de René Girard". In: *Selecciones de Libros*, 35, 1981, p. 7-37.

presente em cada membro do grupo ou comunidade, mediante uma espécie de transferência coletiva, é descarregada sobre a vítima expiatória. Assim, a integração do grupo ou comunidade realiza-se mediante essa *unanimidade* contra a vítima. A transferência é tão forte que os membros do grupo ou comunidade não percebem que eles próprios são violentos e que a eliminação da vítima é fruto da sua própria violência. Trata-se de uma violência *ocultada*. Ora, essa violência, contra a vítima, que não é percebida como tal, é fundante da sociedade e da cultura, conforme a teoria de R. Girard. Trata-se de uma violência-sacrifício fecunda criadora de unanimidade e, assim, da comunidade.

Notemos bem que o sacrifício da vítima expiatória tem uma importância básica na luta para a superação da violência, pois esta, no sacrifício, não exige vingança. Sem o sacrifício, impera a vingança de sangue, a dinâmica da represália, num processo interminável.

Ora, para que se dê o ocultamento próprio da violência inerente ao sacrifício é necessário que exista uma ordem ou imperativo absoluto, divino. Aqui aparece a importância fundamental do *sagrado*, pois, nele, segundo R. Girard encontra-se a violência humana sacralizada, exterior ao homem, transcendente. O sagrado mostra, então, que a violência não é propriamente humana, mas exterior ao ser humano. Trata-se de uma ameaça do mundo transcendente. Entretanto, vista como sobre-humana, a violência fica fora do homem e acaba tornando-se benéfica, tendo como resultado a paz e a não violência. Assim sendo, na reconciliação obtida pelo sacrifício da vítima expiatória e pelos ritos que o institucionalizam e perpetuam, encontra-se a única forma de reconciliação que os homens conseguem vivenciar.

Com o aparecimento do sistema judicial, o caráter sagrado da violência vai sendo superado. Contudo, ela continua, só que exercida pela autoridade competente. A violência não é eliminada, pois a represália feita pela autoridade continua sendo violenta, se bem que se trate de uma represália única, que elimina a vingança privada. A vingança do sistema judicial não é vingada, ficando, assim, detida a espiral da violência. Entretanto, faz notar R. Girard, o sistema judicial, de modo semelhante ao sacrifício expiatório dos primitivos, oculta a violência da vingança.

A esta altura é importante perguntar pela origem da violência tão profundamente enraizada no ser humano. A partir da constatação óbvia de que o ser humano é um ser de desejos, um ser que se experimenta carente e deseja ser mais, R. Girard desenvolve a teoria do desejo *mimético*. A dinâmica do desejo *mimético* estaria na origem da violência humana. Com efeito, no desejo humano, além do sujeito que deseja o objeto desejado, há um terceiro: o *rival*, que deseja o mesmo objeto desejado pelo primeiro sujeito. E isto nada tem de circunstancial, pois o sujeito primeiro deseja o objeto, precisamente, porque o rival, visto como *modelo*, o deseja. Verifica-se uma coincidência de desejo: o objeto é desejado porque o outro, o rival, o deseja também. Quer dizer, o desejo é radicalmente *mimético*. A partir deste ponto de vista, é fácil entender porque o desejo mimético gera a violência: a convergência dos dois desejos sobre o mesmo objeto origina o *conflito*.

Assim sendo, podemos deduzir que as relações humanas funcionam de maneira patológica, devido ao desejo mimético. Por isso, a essa altura parece necessário perguntar: Não será possível encontrar uma forma de reconciliação sem a vítima sacrifical?

b) Jesus Cristo: a reconciliação sem a vítima expiatória[205]

O mesmo R. Girard encontra na mensagem evangélica um caminho aberto para a superação da violência, sem a vítima e sem o sacrifício expiatório. No Antigo Testamento encontra-se já o início da caminhada que levará à superação do Deus violento, mesmo que aí apareçam muitas situações de violência, assassinatos etc. Entretanto, sublinha R. Girard, está presente, no Antigo Testamento,

---

205 Para o que se segue são particularmente relevantes as seguintes obras de R. Girard: *Des choses cachées depuis la fondation du monde*. Paris: Grasset, 1978. • *O bode expiatório*. São Paulo: Paulus, 2004 [o original francês é de 1982]. • *La route antique des hommes pervers*. Paris: Grasset, 1985.

uma tendência a colocar-se do lado da vítima. Isto aparece muito claro no êxodo e anteriormente em Caim e Abel, em José e seus irmãos etc. Também nos profetas manifesta-se a profunda subversão que significa colocar-se do lado das vítimas, seja criticando duramente o culto sacrifical que as oculta, quer seja relativizando as prescrições legais, ou priorizando a justiça e o amor efetivo e, nos momentos de crise, pregando a conversão, e não a procura de uma vítima expiatória.

Contudo, conclui R. Girard, o Antigo Testamento é ainda ambíguo, pois nele ainda está presente ainda a imagem do Deus castigador da vítima (cf. Is 53,10...); e isto depois de ter afirmado pouco antes (cf. Is 53,4) que é um erro julgar que o Servo é castigado por Deus. Para R. Girard, o Antigo Testamento fica na metade do caminho na superação de um Deus violento.

É no Novo Testamento que R. Girard encontra a superação do Deus violento, sobretudo na paixão-morte de Jesus. Na morte de Jesus dá-se a grande revelação que consiste em desmascarar o que estava oculto, a saber, que a vítima expiatória, em conexão com o desejo mimético, constitui o alicerce da sociedade e da cultura. Fica patente, assim, o "pecado do mundo". Acabou o ocultamento da violência! Sim, o mecanismo fundador atua também contra Jesus, mas falha, e, aqui se situa a diferença, pois Jesus não fica como "vítima culpável". A morte de Jesus não é mais um ato sacrifical, mas a crise de todo sacrifício. Para os cristãos fica muito claro: a vítima, Jesus, é inocente! No cristianismo, o sagrado fica totalmente desvinculado da violência.

No Novo Testamento encontramos o Deus não violento, em contraposição aos deuses que exigem sacrifícios. O Deus não violento não é causa da violência humana. O mal não é vencido quando se encontra um culpado que deve ser vitimado. A morte deste traz apenas uma falsa paz. O mal só é vencido quando se toma partido da vítima, recusando a vingança e vivendo a atitude do perdão (conteúdo básico do Sermão da Montanha).

É interessante observar que R. Girard, uma vez assumida a sua condição de cristão, afirma que, para que esta revelação se dê na cruz de Jesus, é indispensável sua condição divina. De fato, todos estamos mergulhados na violência, de uma forma ou de outra. Como opor-se a ela de maneira não violenta? Evidencia-se, assim, a necessidade de alguém totalmente alheio à violência, capacitado, assim, para desmascará-la e para mostrar que ela mata para criar unidade. Não existe ninguém assim no nosso mundo! Não percebemos o jogo da violência, pois estamos submersos nela. Só Jesus pode transcendê-la, precisamente porque é o Deus-Ágape feito homem, homem não violento e também não prisioneiro da violência.

Depois do Novo Testamento houve um esforço para ocultar essa realidade da revelação do Deus não violento. Compreende-se, facilmente, pois a cruz de Jesus confronta cada um com a própria violência e com a violência dos outros, sendo muito forte a tentação de rejeitar uma tal revelação! Poderes violentos, de todos os tipos, insurgem-se furiosamente contra a revelação evangélica que, em Jesus, desmascara a violência.

E, assim, denuncia R. Girard, a Cristandade foi infiel à novidade evangélica antissacrifical e continuou a interpretar a morte/cruz de Jesus como repetição do mecanismo vitimário. No interior do Novo Testamento, acrescenta nosso autor, dá-se já essa infidelidade; pois, especialmente na Carta aos Hebreus, reaparece o mecanismo sacrifical vitimário.

Não há dúvida de que alguns pontos da explicação de R. Girard merecem sérios reparos, especialmente quando trata da interpretação do sacrifício cristão, no Novo Testamento[206]. Entretanto, o que interessa reter para a nossa reflexão é a afirmação de que, como

---

206 A interpretação que R. Girard faz do significado do sacrifício na Carta aos Hebreus deve ser criticada. É verdade que essa epístola, junto com outros textos do Novo Testamento, utiliza uma interpretação e uma linguagem sacrifical para explicar o sentido da cruz/morte de Jesus. Entretanto, o sacrifício de Jesus consiste na entrega, no dom da sua vida oferecida ao Pai e aos irmãos e irmãs. Estamos muito longe do sacrifício vitimário das religiões. Para uma crítica ao pensamento de R. Girard a respeito desse particular, cf. VARONE, F. *Esse Deus que dizem amar o sofrimento*. Aparecida: Santuário, 2001, p. 136ss. • SESBOÜÉ, B. *Jesuscristo el único Mediador – Ensayo sobre la redención y la salvación*. Salamanca: Secretariado Trinitario, 1990, p. 46ss.

resultado da pesquisa desenvolvida por este autor, é possível a reconciliação e a vivência da fraternidade no seguimento do caminho percorrido por Jesus de Nazaré, deixando de lado o desejo mimético e a procura de vítimas expiatórias. Isto é possível porque só Jesus é modelo não rival e o Deus revelado por ele é um Deus não violento.

2.3 A resposta à violência e ao mal, na perspectiva da teologia da criação/salvação, conforme A. Gesché

O teólogo A. Gesché não trata diretamente da violência, mas do mal. E, como teólogo, tenta situá-lo no contexto da revelação bíblica de um Deus salvador-criador. Mas as afirmações sugestivas que faz sobre o mal podem, certamente, ser aplicadas ao tema da violência, dado que esta constitui uma concretização especialmente dura e questionadora da problemática do mal. O autor parte da experiência própria do ser humano, que se autopercebe frágil, ambíguo, acometido pelo mal e pela violência, dentro e fora dele.

A. Gesché procura, audaciosamente, apresentar o problema do mal ao Deus de Jesus Cristo, dialogando com Ele a este respeito. Não só deixa de lado a tentativa de toda possível utilização do mal como argumento contra a existência de Deus (ateísmo), mas tampouco tenta defendê-lo, inocentando-o, diante do desafio do mal (teodiceia). Para a fé, e, por conseguinte, para a teologia, o Deus da salvação cristã, o Deus-para-nós, está implicado no problema do mal. E, assim, em sua reflexão teológica, A. Gesché pergunta a Deus sobre o mal, deixando de lado a terceira pessoa – *Ele* – e utilizando o *Tu*, próprio do diálogo. Neste *falar a Deus* sobre o mal e a violência, vamos descobrindo, teologicamente, que Deus é o primeiro a lutar contra o mal e que a resposta ao mal, a única resposta, é a total oposição a ele. A luta contra o mal é a nossa luta, mas é, sobretudo, a luta de Deus! E junto com Ele lutamos contra o mal[207].

---

207 Cf. GESCHÉ, A. *Deus para pensar* – Vol. 1: O mal. São Paulo: Paulinas, 2003, p. 13-40.

Gesché deduz duas consequências das reflexões anteriores. Primeira: quando Deus é deixado de lado – morte de Deus –, o ser humano defronta-se sozinho com o problema do mal e acaba voltando-se contra si mesmo e aplicando-se as acusações que antes eram levantadas contra Deus. O resultado é a superculpabilidade e a super-responsabilidade, que o autor percebe presentes no ocidente europeu atual. Cabe, aqui, perguntar: *Será o homem capaz de suportar tamanho peso?* Podemos concluir com A. Gesché: "Volta-se a dizer hoje que é preciso que Deus viva para que o homem não morra"[208].

E agora a segunda consequência, diretamente "teo-lógica": Deus é oposto ao mal desde sempre, pois esta oposição é algo que faz parte do ser mesmo de Deus. Em outras palavras: a soteriologia constitui uma dimensão intrínseca de toda a "teo-logia". "Deus é salvador. Não é apenas a sua história que está afetada pelo mal, mas são sua natureza e sua definição que aí estão em jogo. A resolução teológica do mal compete à própria afirmação de Deus, desde antes de qualquer gesto de sua parte"[209].

Deus experimentou o mal em seu Filho, Jesus Cristo. E qual é a atitude do Deus feito homem em relação ao mal e, no caso concreto que nos ocupa nesta reflexão, ao mal/violência? O Deus feito homem limitado (cf. Jo 1,14), está submetido às limitações do mal (cf. Hb 4,15), mas sempre em oposição ao mal e do lado das vítimas. E, assim, diante do mal encarnado na violência, o prioritário é combatê-lo, colocando-se a serviço da vítima. É o que aparece, claramente, na Parábola do Bom Samaritano. Condenar a violência, julgar os culpados (no âmbito das pessoas e das estruturas), procurar os responsáveis é algo necessário, sem dúvida. Entretanto, constata A. Gesché, no Ocidente cristão parece predominar uma tendência para a culpabilização excessiva. Culpamos os outros e as instituições e buscamos também o culpado dentro de nós mesmos, prisioneiros que somos de um moralismo de culpabilização. Será

208 Ibid., p. 38
209 Ibid., p. 40

que é necessário, sempre, sentir-se culpado para poder combater o mal e a violência?

O evangelho aponta em outra direção: para o paradoxo de que quanto menos culpado é o ser humano, mais bem preparado está para assumir, com responsabilidade, o combate contra o mal e a violência. É o paradoxo que aparece no *Magnificat*, no Sermão da Montanha e, sobretudo, na *kenose* do Servo, Jesus Cristo[210]. Importa muito separar responsabilidade e culpabilidade: "Para ser verdadeiramente responsável, não é indispensável ser culpável, muito pelo contrário"[211]. É o caso de Jesus Cristo, "responsável (e salvador) não culpável"[212]. E, assim, na Parábola do Bom Samaritano (cf. Lc 10,29-37), quem atuou de maneira eficaz foi aquele que se aproximou do ferido e fez o que devia ser feito para ajudá-lo. Quem realmente ajudou foi quem não era culpado. E lembremos que o samaritano da parábola, em definitivo, representa a atitude fundamental de Jesus Cristo[213].

O mal, o desafio do mal, coloca-nos em cheio no âmbito da salvação: "o mal é insolvente. E isso porque somente um ab-soluto pode ab-solver. Um absoluto, e não um cálculo; uma loucura, e não uma sabedoria; uma paixão de amor, e não uma técnica de simples justiça"[214]. Para vencer o mal/violência é necessário Alguém totalmente alheio ao mal e à violência. O Deus-Ágape, mediante Jesus Cristo, é quem vence a violência. Precisamente, porque Jesus não é pecador pode carregar e tirar o pecado do mundo (cf. Jo 1,29). Só ele, totalmente não violento, pode vencer a violência. Com outras palavras, diante do mal/violência, precisamos, antes de tudo, de salvação, dom de Deus mediante Jesus Cristo. É o que A. Gesché quer clarificar acima de tudo. A ética não se basta sozinha contra o mal/violência.

Contudo, acrescenta nosso teólogo, é claro que a salvação não dispensa as mediações necessárias na luta contra o mal/violência,

---

210 Cf. Ibid., p. 40

211 Ibid., p. 60s.

212 Ibid. p. 74.

213 Cf. Ibid.

214 Ibid., p. 43-64.

especialmente as mediações da justiça e da caridade, ambas indispensáveis e que deveriam estar indissoluvelmente relacionadas. A. Gesché certamente reconhece a necessidade básica da justiça, embora atribua a prioridade à caridade, mesmo que também ela esteja sujeita a críticas, em especial quando deriva para o assistencialismo, que pode perpetuar situações que exigem mudanças ou reformas estruturais. Alicerçado na justiça, o amor, com a sua "lógica de excesso e de gratuidade", pode responder, recriadoramente, aos desafios que suscita o mal/violência[215].

No contexto da América Latina, onde o peso de estruturas violentas e discriminadoras se faz sentir de maneira tão desumana, a reflexão de A. Gesché poderia ser entendida como apelo à desmobilização, na denúncia e no combate às injustiças de todo tipo, que continuam a excluir e a marginalizar boa parte de nossa população. Contudo, não é essa a intenção do Prof. A. Gesché. Ele procura chamar a atenção para o *culpabilismo,* algo patológico, desenvolvido no ocidente cristão, especialmente a partir da interpretação predominante do pecado original. O esquecimento de que essa doutrina é, acima de tudo, uma mensagem de salvação, teve consequências lamentáveis, como tendência ao excesso de culpabilidade[216]. Assim, convém sublinhar que, na ótica cristã, procurar o culpado, acusar etc. só tem sentido para salvar.

3 Superação da violência destruidora: afetividade amadurecida vivida na subjetividade aberta

A resposta profunda ao desafio da violência, a única resposta que nos humaniza, resume-se na vivência da fraternidade (E. Morin). Consiste na superação do desejo mimético gerador de violência e de uma pseudorreconciliação mediante a vítima expiatória, e no seguimento do caminho não violento de Jesus de Nazaré (R. Girard). Esta vivência concretiza-se no amor-serviço que leva o dis-

---

215 Cf. Ibid., p. 88.
216 Cf. Ibid., p. 93ss.

cípulo de Jesus Cristo e a comunidade eclesial a se colocarem do lado da vítima para defendê-la e ajudá-la (A. Gesché).

Diante dessas afirmações, verdadeiras, profundas e belas, pode surgir logo uma pergunta: *Como poderá o cristão viver essa riqueza toda, uma vez que se encontra, com frequência, enredado ou prisioneiro de uma afetividade imatura em conexão com uma subjetividade fechada, realidade esta que repercute em uma vivência igualmente imatura da experiência comunitária cristã e inseparável da experiência de Deus?* Podemos perguntar também, de maneira mais positiva: *Quais são os pressupostos antropológicos necessários para se tornar possível uma experiência comunitária cristã sadia, espaço simbólico de vivência da paz e de amadurecimento da fé cristã?*

Procurando respostas, vou, então, primeiramente, especificar em que consiste a afetividade e a subjetividade propriamente humanas. Indicarei, depois, alguns pressupostos básicos para que possa existir uma comunidade eclesial sadia.

3.1 A afetividade e o dinamismo básico do ser vivo

Em um plano pré-científico, todos sabemos que a afetividade humana consiste, fundamentalmente, na vivência de emoções e sentimentos. Mas, quando se trata de analisar, cientificamente, em que consiste a afetividade, não é fácil encontrar concordância entre os autores que a estudam. Esta dificuldade não deve surpreender ninguém, pois trata-se de uma realidade fluida, cambiante, indisciplinada, fortemente subjetiva, que dificilmente se presta a definições e ponderações racionais.

Há, contudo, uma relativa concordância entre os pesquisadores, quando se trata de conectar a afetividade com o dinamismo básico do ser vivo que, como é sabido, manifesta-se na dupla tendência à *autoconservação* e à *expansão*. Ou seja, em todo ser vivo dá-se o dinamismo de auto-organização (*autopoiese*, conforme os biólogos Maturana e Varela): mediante o metabolismo celular, os componentes moleculares estão inter-relacionados dinâmica e continuamente em forma de rede. Essa auto-organização permite, mediante uma surpreendente autorregularão *homeostática*, que o organismo vivo mantenha equilíbrio e estabilidade interna, sendo capaz, igualmente, de reprodução e de regeneração. O ser vivo tende, assim, fundamentalmente, para a autopreservação. Contudo, a autoconservação está unida à inter-relação com o meio externo. O organismo vivo, mediante contínuas trocas bioquímicas, relaciona-se com o meio ambiente[217]. Por isto, a auto-organização implica tanto a autoconservação do organismo vivo quanto sua expansão.

Qual é, no entanto, a relação existente entre esse admirável dinamismo básico de todo ser vivo e a afetividade? De maneira muito resumida, pode-se afirmar que a afetividade é esse dinamismo básico, na medida em que repercute no sujeito, levando-o a reagir. Entretanto, dado que esse dinamismo básico está presente em todo organismo vivo, alguém poderá perguntar: *Todo ser vivo deverá ser considerado "sujeito" com a correspondente afetividade?* Uma digressão torna-se aqui necessária, pois, entre não poucos biólogos, há uma acentuada tendência a reduzir a subjetividade humana ao nível meramente biológico. Certamente a teologia não pode aceitar esse reducionismo.

3.2 A "subjetividade" é patrimônio de todo ser vivo?

Autores como E. Morin, entre outros, respondem afirmativamente. A subjetividade "corresponde à lógica própria do ser vivo"[218]. Existe certa subjetividade em todos os seres vivos, a começar pela bactéria, a forma mais simples de vida. Certamente, para se chegar a esta conclusão, afirma E. Morin, é necessário superar o paradigma dualista que tem orientado a ciência moderna: a oposição entre o objeto e o sujeito na consideração do que seja o ser humano. Conforme esse paradigma, o ser humano estudado pela ciência não passa de um objeto, produto de determinismos tanto biológicos como sociais, culturais etc. Nesse tipo de verificação científica,

---

217 Cf. NUTTIN, J. *Psicanálise e personalidade*. Rio de Janeiro: Agir, 1964, p. 324ss.

218 MORIN, E. "A noção do sujeito". In: FRIED SCHNITMAN, D. (org.). *Novos paradigmas, cultura e subjetividade*. Porto Alegre: Artes Médicas, 1996, p. 45-55; aqui p. 46.

o sujeito como que desaparece. E acrescente-se que esta visão do ser humano tem penetrado também nas chamadas ciências humanas (psicologia, história, antropologia...), bem como nas ciências sociais. Daí até considerar o sujeito mera ilusão só falta um passo. Mas, por outro lado, cada um de nós se experimenta como sujeito, como um "eu" que sente, pensa, ama, sofre, se alegra, fica angustiado ou eufórico, e assim por diante.

A divisão e o confronto entre a visão do ser humano como objeto, por um lado, e sua visão como sujeito, por outro, constitui uma das manifestações mais claras da presença de um paradigma dualista que vem dos tempos antigos, mas que ficou reforçado no mundo moderno.

Superar essa oposição entre sujeito e objeto é o que pretende E. Morin, quando fundamenta na biologia a realidade que é o sujeito humano. Com efeito, guiado por recentes descobertas da biologia, E. Morin ressalta que a autonomia está presente na auto-organização própria dos seres vivos. Só que se trata de uma autonomia que implica dependência do meio ambiente. Todo ser vivo possui um sistema "cognitivo" que lhe permite a adaptação ao meio ambiente, capacitando-o a sobreviver. Quer dizer, o ser vivo tem a capacidade de aprender a se relacionar com o ambiente. A autonomia do indivíduo é "relativa e complexa", algo que o pensamento e a ciência mecanicista são incapazes de entender. Assim, o ser vivo é um sujeito, isto é, um indivíduo ao mesmo tempo autônomo e dependente, uma auto-organização viva, um ser *computante*, conforme a linguagem utilizada por E. Morin. E isto acontece já na bactéria[219].

---

219 E. Morin sublinha que à diferença dos computadores artificiais, a bactéria "computa por conta própria, por si mesma e para si mesma; ou seja, está animada por uma autofinalidade. Faz-se ela mesma para si mesma" (Ibid., p.49). Sempre mediante linguagem humana, diríamos que na bactéria está gravado o princípio informativo "eu sou eu mesma", autoconstitutivo da identidade dela. E a partir desse princípio informativo é que se realiza a distinção entre "o si e o não si", "entre mim/não mim", entre o que é assimilável no mundo exterior e o que deve ser rechaçado. Acresce, por último, que o ser sujeito permanece numa surpreendente continuidade, no meio de incessantes modificações biológicas. O sujeito, esse "eu"

Na medida em que todo ser vivo é visto como sujeito, no sentido explicado, estaria superado o dualismo entre sujeito e objeto na consideração do que seja o ser humano.

3.3 A especificidade da subjetividade humana: a afetividade propriamente humana

Qual é, então, a diferença entre o sujeito humano e o sujeito que é todo ser vivo, desde a bactéria até os animais mais complexos? Certamente, E. Morin não reduz a subjetividade humana em nível do "sujeito" bactéria, pois ele reconhece que, no ser humano, o ser sujeito está vinculado à linguagem e à cultura; trata-se de um sujeito autoconsciente, capaz de escolher por ele mesmo e de amar[220].

O que dizer dessa procura de uma "subjetividade" em todo ser vivo?

No âmbito da reflexão teológica, aceitamos, de bom grado, os descobrimentos da biologia e, especialmente, a realidade das profundas conexões existentes entre todos os seres vivos. Mas, sustentamos, ao mesmo tempo, que essa íntima comunhão não elimina aquilo que é especificamente humano: a liberdade alicerçada na consciência reflexa, a linguagem humana e a capacidade de amar.

Sim, o ser humano é biologia, mas não se reduz a ela, como não se reduz à dimensão espiritual. Ele é também psiquismo, interseção entre o biológico e o espiritual. Esta percepção da complexidade

---

misterioso, realiza a unidade na multiplicidade de modificações ao longo da sua vida (cf. Ibid., p. 50).

220 Mais ainda, acrescenta E. Morin, no ser humano "aparece a consciência de ser consciente e a consciência de si em forma claramente inseparável da autorreferência e da reflexibilidade. É na consciência que nos objetivamos nós mesmos para ressubjetivarmos num anel recursivo incessante" (Ibid., p. 53). E junto com a consciência de si está a liberdade ou a possibilidade de poder "escolher entre diversas alternativas" (Ibid.). Está ainda o nível humano da experiência "do sentimento profundo de uma insuficiência da alma que só pode satisfazer o outro sujeito. E, no fundo, com a relação de amor, no sentimento de amor, está a ideia de que o outro restitui a nós mesmos a plenitude de nossa própria alma, permanecendo totalmente diferente de nós mesmos. E nós mesmos, ainda sendo outro" (Ibid.). Alma, espírito, anima etc. são noções utilizadas para designar esse sentimento profundo. Ele é tipicamente humano, reconhece E. Morin, mas ele só é possível porque existe um nível biológico prévio ao conceito de sujeito aplicado ao ser humano (cf. Ibid., p. 54).

do sujeito humano é importante para a identificação da afetividade propriamente humana.

No dinamismo básico de todo ser vivo, autoconservação e expansão, no nível biológico, encontram-se as sensações mais elementares na origem da afetividade, a saber: o *prazer e a dor*. Entretanto, embora enraizada no nível biológico, a afetividade o transcende, passando para o nível psíquico e, posteriormente, para o espiritual. Esse dinamismo básico repercute no nível psíquico à medida que vão se desenvolvendo as relações com os outros seres humanos em conexão com o descobrimento e a defesa da própria identidade. E repercute no nível espiritual: o ser humano vai despertando para a autonomia pessoal, para a liberdade, para o amor amadurecido, para a abertura ao transcendente. Como ser de *linguagem e de cultura, ser autoconsciente, social e histórico*, o ser humano transcende, sem as negar, as dimensões biológicas e psíquicas de sua existência humana. A afetividade humana é uma realidade abrangente, presente no âmbito biológico, no âmbito psíquico e no espiritual, quer dizer, no ser humano em sua integralidade.

Convém, no entanto, precisar um pouco mais em que consiste, mesmo, a afetividade humana. Por isto nos perguntamos: como repercute no sujeito humano, em sua complexa integralidade, o dinamismo básico ao qual nos referíamos acima? Vejamos, a seguir.

Todos nós experimentamos que somos *carentes*. Este é um dado antropológico básico, que a fé cristã explica pelo fato de sermos criaturas. A realidade de nossas carências faz com que experimentemos *necessidades* e, assim, a tendência para objetos que aparecem, instintivamente, como *desejáveis*, porque percebidos como capazes de satisfazer essas necessidades. Claro está que também podem ser percebidos como *indesejáveis*, na medida em que aparecem incapazes de satisfazê-las. A afetividade consiste na percepção ou representação do objeto desejado ou temido, na medida em que "afeta" o sujeito humano na sua interioridade, na medida em que o sujeito é "afetado", experimentando emoções e sentimentos. O sujeito, porque afetado, experimenta emoções ou sentimentos e, como res-

156

posta, expressa a sua interioridade. A expressão de sentimentos ou emoções é resposta do sujeito à percepção/representação instintiva que ele faz do objeto desejado ou temido. Quer dizer, o objeto (situação, evento...) tem de repercutir na consciência do sujeito humano, levando-o a reagir[221].

Ora, a afetividade humana se expressa, por um lado, mediante a agressividade e, por outro, mediante a ternura, a amizade, o amor. Quer dizer, a afetividade humana é radicalmente ambivalente. Importa muito prestar atenção a esta ambivalência, pois, com frequência, fala-se da afetividade só no sentido de expressão de sentimentos de amizade, ternura, amor. A agressividade é também uma manifestação afetiva. E junto com a agressividade está sua companheira a irritabilidade, muito bem descrita por D. Tepe, a partir da sua própria experiência[222]. Na afetividade humana, estão presentes tanto o amor quanto a hostilidade. A ambiguidade humana surge mais uma vez: agressividade/irritação, de um lado, ternura, amizade, amor, de outro.

Nosso interesse, aqui, está centrado na experiência comunitária sadia, na perspectiva afetiva, como espaço privilegiado da vivência da fraternidade, da reconciliação sem a vítima expiatória e do amor-serviço que opta, sobretudo, pela ajuda e pela defesa da vítima. Mas, sem perder de vista a realidade da nossa agressividade. Sem esquecer que a experiência comunitária é o espaço necessário para o processo de amadurecimento na experiência do Deus cristão. Focalizo, aqui, especialmente, as comunidades eclesiais.

4 A experiência comunitária sadia e o desafio da violência

4.1 Comunidade: comunicação pela sensibilidade

Primeiramente, é necessário ressaltar a insuficiência da comunicação meramente intelectual para a criação e o desenvolvimento de uma comunidade, sempre do ponto de vista antropológico. Este

---

221 Cf. GARCÍA RUBIO, A. *Evangelização e maturidade afetiva*. Op. cit., p. 59-78.

222 Cf. TEPE, V. *Antropologia cristã* – Diálogo interdisciplinar. Petrópolis: Vozes, 2003, p. 306-316.

é o aspecto que aqui estamos considerando. A criação de comunidades, do ponto de vista jurídico, é igualmente insuficiente. Os aspectos intelectual e jurídico conservam seu valor, mas são insuficientes para constituir uma comunidade real. Para tal é indispensável, como substrato humano, a comunicação pela sensibilidade, pelo afeto[223]. Claro está que, no início da experiência comunitária, quando são dados os primeiros passos em direção a essa experiência, a comunicação pelo afeto costuma ser apenas incipiente.

4.2 Comunidade e comunicação de sentimentos sinceros de aprovação

"Que o amor fraterno vos una com mútua afeição; rivalizai na mútua estima" (Rm 12,10). Viver estas recomendações de Paulo supõe a existência de um clima comunitário sadio. Para concretizá-lo, um primeiro passo consiste na *expressão de sentimentos sinceros de aprovação, estima e louvor*. Com efeito, sabemos que certo "sentimento de inferioridade" (não falo de "complexo de inferioridade") está presente na imensa maioria das pessoas[224]. Aqui, é bom não se enganar com pessoas arrogantes, visto que podem ocultar, com essa atitude, precisamente a sensação interna de inferioridade, suas dúvidas sobre a própria capacidade ou valor. A ansiedade e a angústia que essas dúvidas comportam podem facilmente ser compensadas por atitudes arrogantes e manifestações de pretensa superioridade. E quem é que não tem dúvidas sobre a própria capacidade ou competência em relação a compromissos e tarefas mais exigentes? Quem não teme ser ridicularizado ou humilhado por outras pessoas?

---

223 Cf. GARCÍA RUBIO, A. *Evangelização e maturidade afetiva*. Op. cit., p. 217ss.

224 Adler e a sua escola de psicologia analítica defendem a universalidade desse sentimento de inferioridade. Não entro aqui no mérito dessa perspectiva. Para o objetivo deste capítulo basta perceber que grande parte das pessoas experimenta esse sentimento. Certamente, isto é aceito pelas distintas escolas de psicologia profunda, bem como pela psicanálise freudiana. Cf. DOMINIAN, J. *Maturité affective et vie chrétienne*. Paris: Cerf, 1977, p. 70ss.

Expressar sentimentos sinceros de aprovação, estima e louvor é indispensável para se criar um ambiente comunitário sadio, afetivamente falando. Se é verdade que, por vários motivos, muitas pessoas têm dificuldade para reconhecer as qualidades e potencialidades que possuem, enquanto, por outro lado, percebem claramente suas limitações e falhas, segue-se que será um ato de amor ajudar essas pessoas a reconhecer e a desenvolver suas qualidades e potencialidades. Na convivência comunitária, essa expressão sincera de sentimentos de aprovação e de estima vai criando um clima sadio de confiança e de abertura, onde a pessoa pode desabrochar com suas potencialidades. Bem sabemos o quanto um ambiente amigável e acolhedor favorece o desabrochar da pessoa.

Imaginemos uma comunidade na qual prevaleça um ambiente doentio de suspeitas, recriminações, ciúme e desconfiança. Isto só poderá levar ao fechamento da pessoa sobre si mesma, gastando boa parte de sua energia, certamente limitada, para se defender desse ambiente hostil, fugindo do ataque, das críticas amargas, de ressentimentos, da inveja, das piadinhas maldosas, dos sorrisos malévolos, das interpretações que atingem a integridade da pessoa etc. Uma comunidade em que prevalece esse ambiente leva facilmente a pessoa a retrair-se para se defender, podendo, com facilidade, desenvolver atitudes subservientes e hipócritas, e deformando, assim, sua personalidade. Aqui é oportuno lembrar que, quando nossa autoconsciência é mais positiva (fundamentada na verdade, claro está), temos mais energia para viver um autêntico serviço libertador[225].

Podemos, agora, perguntar: uma vez que a aprovação e a aceitação dos outros é tão importante, por que será que muitas pessoas experimentam grande dificuldade para expressar sentimentos positivos em relação aos outros membros da comunidade? Várias causas podem ser aduzidas para explicar essa mesquinhez expressiva, mas parece-me que não deve ser negligenciado o influxo cultural da pre-

---

225 Cf. Ibid., p. 71.

gação das Igrejas, ressaltando, unilateralmente, a pecaminosidade e a falta de valor do ser humano[226].

Acrescente-se que, nessa caminhada para o desenvolvimento de uma comunidade real, é de suma importância também saber cultivar as relações entre as pessoas no nível simbólico, quer dizer, saber cultivar o "tempo e o espaço simbólicos", tempo e espaço dedicados a expressar o afeto, a amizade, a ternura. Descuidado o nível simbólico (palavras, gestos, que expressam esses sentimentos), as relações amigáveis e afetuosas murcham e são substituídas pela aridez pelo mau humor e por relações de mera funcionalidade[227].

4.3 Comunidade e expressão de sentimentos de desaprovação

Certamente, também é necessária a expressão sincera de sentimentos de *desaprovação*. Todos nós precisamos corrigir nossas próprias falhas e faltas. A ajuda dos outros é também neste ponto muito necessária. Contudo, a expressão de sentimentos de desaprovação não deveria predominar na vivência comunitária. O clima predominante deveria ser sempre o de aceitação, acolhida, louvor e estima. De fato, quando o clima comunitário é predominantemente de aprovação e de estima, a desaprovação e a correção têm muita probabilidade de serem aceitas e de levar a uma mudança de atitudes ou de comportamento, porque não são percebidas como agressão à integridade pessoal[228].

---

226 Recentemente foi publicada no Brasil a obra de J. Delumeau: *O pecado e o medo* – A culpabilização no ocidente (séculos XIII-XVIII). 2. vol. Bauru: Edusc, 2003. O original francês foi publicado em 1983. Nessa obra o autor estuda a história da culpabilização presente no ocidente cristão, com as suas consequências negativas: escrúpulos, angústia, medo de si...

227 Sobre a importância antropológica do simbolismo na expressão de sentimentos, cf. GARCÍA RUBIO, A. *Unidade na pluralidade* – O ser humano à luz da fé e da reflexão cristãs. Op. cit., p. 587ss.

228 É verdade que numa perspectiva psicanalítica, é de capital importância que a pessoa seja ajudada a expressar os sentimentos de agressividade, raiva, ódio etc. que foram reprimidos desde a primeira infância. Essa expressão é tida como indispensável para que a pessoa possa se libertar de um passado de repressão de sentimentos, que obstaculiza o relacionamento adulto com outras pessoas. Mas o

Uma palavra aqui sobre a expressão de cólera se faz necessária. Claro está que a cólera pode ser expressão de sentimentos injustificados, mas ela pode também ser expressão sadia da pessoa que reage contra alguma violação feita por outros da sua integridade pessoal ou da integridade de outros. O caso típico é a cólera expressa por Jesus diante da profanação e da violação do significado do Templo, que é em definitivo, deturpação da relação com Deus (cf. Jo 2,13-16)[229].

4.4 Comunidade e aceitação sincera da aprovação dos outros

Se a expressão de sentimentos sinceros, sobretudo de aprovação e estima, constitui o clima sadio adequado à expansão das qualidades da pessoa, não menos importante, no caminhar de uma comunidade real, será a aceitação das expressões de estima e de aprovação, que outras pessoas fazem a nosso respeito. Aqui também encontramos problemas provenientes de um determinado modelo de educação, segundo o qual a pessoa deve ser modesta e retraída diante dos elogios, para evitar o perigo do orgulho. Em consequência, a pessoa pode ser levada ao fingimento, na medida em que parece não aceitar esses elogios, escudando-se numa falsa modéstia, quando, internamente, vibra de alegria porque o seu trabalho, suas qualidades etc. são valorizados e louvados. Mesmo com o sorriso encabulado que expressa essa pseudomodéstia, provavelmente essa pessoa vá dormir melhor à noite, encontrando o travesseiro especialmente fofo.

A estima, o elogio sincero, a aprovação dos outros animam a pessoa em seu trabalho ou serviço, no desenvolvimento das próprias potencialidades etc. Isto não significa que, quando falha a expressão de aprovação, estima etc. por parte dos outros, especialmente das pessoas que mais contam na própria vida, abandonemos o caminho do serviço, da dedicação... Esta seria uma atitude infantil. Mesmo

---

objetivo é ajudar a pessoa a se libertar para poder viver relações mais sadias com as outras pessoas. Aqui estou tratando de comunidades razoavelmente sadias, e não de um grupo de terapia.

229 Cf. DOMINIAN, J. *Maturité affective et vie chrétienne*. Op. cit., p. 75-78.

diante da ingratidão, do descaso e da falta de reconhecimento, espera-se que a pessoa mais adulta continue o caminho da sua vocação, ainda que com um coração dolorido, como Jesus no Horto das Oliveiras, diante do abandono dos discípulos que mais contavam para ele (cf. Mc 14-32-42).

4.5 A abertura e a aceitação do outro como outro, base de uma experiência comunitária sadia

Dando mais um passo no itinerário que conduz a uma experiência comunitária sadia, importa muito ressaltar a necessidade de aprender a aceitar o outro(a) como outro(a). Se cada pessoa é única e irrepetível, para que exista um encontro realmente humano é necessário reconhecer a novidade que o outro representa. Quando o(a) outro(a) não é aceito como tal, fica bloqueado, desde o início, o relacionamento afetivo amadurecido (vivência da amizade, ternura, amor...). As relações ficam reduzidas ao nível meramente "funcional": na outra pessoa é aceito somente aquilo que coincide com a minha expectativa. É fácil perceber que se trata de uma atitude infantil, prolongamento do narcisismo radical próprio do bebê. Que este se perceba, instintivamente, como o centro do universo, é normal. Trata-se de uma etapa necessária no desenvolvimento afetivo do ser humano. Ora, conforme assinalado acima, no capítulo 2, esse narcisismo, vinculado ao desejo de fusão com a totalidade representada pela mãe, deverá ser superado para que a criança possa se desenvolver como ser humano, com sua autonomia e independência próprias.

A criança vai ter de aceitar que ela não é o centro do mundo, assumindo os seus limites bem como os limites das outras pessoas. Sabemos o quanto é importante a figura do pai, quando realmente é pai, nesta separação da fusão com a mãe. Ora, é sabido que essa separação da totalidade materna e essa superação do narcisismo radical próprio do bebê não resultam nada fácil. A tentação de a criança ficar fechada na própria subjetividade é forte e acompanha cada ser humano pela vida afora. E, assim, surpreendemo-nos, uma e outra vez, desenvolvendo relações que instrumentalizam a outra pessoa em conformidade com os nossos interesses, manifestos ou não. Prevalecendo este tipo de relação, fica inviabilizada a experiência comunitária sadia.

Junto com o reconhecimento do outro como outro(a), está sua *valorização*, precisamente, naquilo em que é distinto de mim. Isto supõe coragem para abrir-se, para acolher e para dar valor à novidade que o outro(a) representa. Este acolhimento/valorização é o oposto da atitude regressiva narcisista, incapaz de aceitar e de valorizar essa novidade. No fundo, no narcisismo, encontramos um tremendo medo diante da novidade do outro(a), pois esta sempre nos interpela e nos desinstala.

A aceitação, o reconhecimento do outro como outro, vem expressada pelo "olhar" humano: "ver" o outro como outro e permitir que ele me "veja"; olhar humano, superando a tentação da instrumentalização das outras pessoas. Na valorização do outro como outro, a palavra tem uma relevância toda especial; palavra humana que revela algo de nós mesmos e escuta humana da palavra reveladora da interioridade do(a) outro(a). Mesmo participando da inspiração de um mesmo carisma religioso, cada membro da comunidade tem seu modo próprio de viver o carisma. É isto que torna rica a vida comunitária, a diversidade de dons e de carismas, na unidade de um só corpo que é a comunidade real (cf. 1Cor 12,4-30; Rm 12,3-8). Algo muito diferente da falsa unidade conseguida por uma uniformidade estéril e esterilizante, quando falta a aceitação/reconhecimento, a valorização e a ajuda para que cada membro da comunidade possa desenvolver sua vocação pessoal. Trata-se de viver o serviço e a ajuda mútuos, de saber oferecer e saber receber ajuda. Ajuda necessária, pois somos carentes e muito necessitados do auxílio dos outros, dado que somos criaturas. E, decerto, na vida comunitária, encontramos múltiplas maneiras de viver a ajuda mútua (no trabalho, na evangelização, no estudo, na diversão etc.).

Assim, vai se desenvolvendo uma comunicação pela sensibilidade, pelo afeto que leva consigo algo de intimidade e de proximidade capazes de:

• Oferecer apoio mútuo e ajuda para superar o medo, a insegurança etc.

- Curar algumas feridas psicológicas do passado (certamente, não aquelas feridas mais graves, que exigem uma ajuda especializada).
- Ajudar no desenvolvimento da maturidade afetiva de cada membro da comunidade.

4.6 Experiência comunitária e conflitos

Embora reconhecendo a importância da experiência comunitária sadia, todos constatamos as dificuldades – dentro e fora de nós – para concretizar essa experiência dentro de nós, por causa da nossa "sombra" (existe tanta coisa obscura no nosso inconsciente que afeta nossas decisões, opções e atitudes) e por causa da força do "homem velho" ou da "mulher velha" que continua presente e atuante em nossa caminhada cristã. Existe uma forte tensão entre o "velho" (fechamento no próprio eu, egocêntrico, narcisista, que rejeita o dom de Deus e a abertura aos irmãos e irmãs, impedindo, assim, a vivência comunitária) e o "novo" (abertura ao dom de Deus e à experiência comunitária). O "velho" e o "novo" coexistem em nossa vida atual, com a tensão própria dessa realidade. Ora, o dinamismo da mudança do "velho" para o "novo" não é vivido sem tensões e conflitos que, naturalmente, estão presentes também nas relações comunitárias. Incompreensões, rejeições, falta de cuidado, agressões, interpretações erradas etc. estão presentes nas relações comunitárias.

O que fazer diante dos conflitos que surgem na vida comunitária? Primeiramente, importa muito lembrar que a agressividade faz parte da nossa vida. Isto é algo que deve ser reconhecido e assumido. Parece que as pessoas cristãs têm muita dificuldade em aceitar a realidade da própria agressividade. Ora, a psicanálise nos mostra que negá-la não passa de uma ilusão que acaba se voltando contra a própria pessoa na forma de sentimentos de culpa[230].

---

230 Cf. MORANO, C.D. *Crer depois de Freud*. Op. cit., p. 158 e 253ss. Esse autor faz importantes observações, a partir da psicanálise, sobre os grupos cristãos que, certamente, podem ser aplicadas ao tema que aqui nos ocupa. Cf. Ibid., p. 301-332.

Os conflitos, também no interior da comunidade cristã, devem ser encarados como tais, como conflitos. Não se trata de negá-los, mas de, uma vez assumidos, aprender a canalizar – desafio difícil – a agressividade em favor da vida, da justiça, da defesa da vítima e do oprimido.

Nesta mesma perspectiva, J. Dominian nos lembra da necessidade de aprender a negociar os conflitos. E ressalta a necessidade de desenvolver a autopossessão, isto é, a capacidade de ser senhor da própria vida, encontrando em nós mesmos "a fonte da nossa aceitação"[231]. Se dependemos *excessivamente* da opinião e das atitudes de outros ao nosso respeito, podemos ficar facilmente derrotados ou gravemente feridos. Sem dúvida, a crítica injusta, a agressão, a indelicadeza nos afetam, mas não têm porque destruir a nossa autoaceitação e autoestima. E, portanto, temos as condições para o perdão e a reconciliação. E lembremos que, quando um determinado comportamento nos irrita exageradamente, pode ser um indício de que essa atitude ou comportamento está presente em nós[232].

Nesta altura, não podemos deixar de lado a pergunta: *Por quanto tempo seremos capazes de manter uma atitude aberta, afirmativa do valor do outro, uma atitude de perdão e de reconciliação, quando esse outro continua fechado, não responde e nos agride recorrentemente?* A experiência nos ensina que essa situação pode dar-se na vida de comunidade e não de maneira infrequente. Até quando? A resposta de Jesus é clara: o(a) discípulo(a) deve perdoar indefinidamente (cf. Mt 18,21-22). Aqui reaparece a prioridade total, na vida cristã, da relação com o Deus-Ágape. Importância fundamental da experiência de que somos amados com total gratuidade pelo Deus do Reino. À medida que a nossa experiência do amor gratuito de Deus vai se aprofundando, aumenta a nossa capacidade – é um dom – para amar a outra pessoa com algo de gratuidade, ultrapassando os limites do merecimento e da reciprocidade. É nessa perspectiva que compreendemos o sentido das palavras de Jesus sobre o amor aos inimigos (cf. Mt 5,38-48).

---

231 DOMINIAN, J. *Maturité affective et vie chrétienne*. Op. cit., p. 212.

232 Cf. Sobre o tema da "sombra", cf. o cap. 1 desta obra.

Cuidado, porém, com a "ilusão amorosa", que, conforme S. Freud, estaria presente na fé cristã, na medida em que o cristão tende a negar a dimensão conflituosa que faz parte da realidade pessoal[233]. Lembremo-nos da ambivalência afetiva, pois tanto o amor quanto a agressividade estão presentes na afetividade. Como vimos acima, o desafio consiste, precisamente, em educar ou canalizar a agressividade e a violência a serviço da justiça, da defesa das vítimas, e assim por diante. Em definitivo, a serviço do Reino de Deus.

4.7 Comunidade cristã: dimensão eucarística e pneumatológica

O centro da experiência cristã comunitária não é a Eucaristia? E não é o Espírito Santo quem anima, fecunda e impulsiona a vida comunitária cristã? Certamente, a resposta a estas perguntas só pode ser afirmativa. Então, por que dar tanta importância à dimensão antropológica da experiência comunitária cristã? Porque as realidades da graça não se dão em um mundo sobrenatural desvinculado do mundo natural. Não há dualismo entre graça e natureza humana, entre as realidades sacramentais e a vida humana. Antes, a graça é vivenciada no coração do humano.

Convém lembrar aqui que a criação já é o início da salvação. E bem sabemos que não há deficiência alguma no *dom* do amor de Deus. Mas convém ressaltar que se trata de um dom do Deus do amor totalmente gratuito, que não violenta nem se impõe pela força. E, assim, o fracasso na experiência comunitária fraterna é possível devido à imaturidade afetiva e ao fechamento das pessoas em uma subjetividade narcisista, dominadora e manipuladora do outro (e do Outro, inseparavelmente). Certamente, é o ser humano que é chamado a uma conversão profunda. Mas, não deve ser esquecida a importância da transformação corajosa das instituições eclesiais, sempre que necessário, para que possam estar, de fato, a serviço da experiência cristã comunitária sadia.

---

233 Cf. MORANO, C.D. *Crer depois de Freud*. Op. cit., p. 60.

Conclusões

1) O que fazer diante do tremendo desafio da violência destruidora? As respostas apresentadas por E. Morin, R. Girard e A. Gesché podem e devem ser assumidas como próprias pelo cristão, no nível pessoal individual e no nível comunitário eclesial. Na vivência da fraternidade real, da reconciliação sem a vítima expiatória, do serviço às vítimas da violência, o cristão percebe dimensões básicas do viver próprio do discípulo de Jesus Cristo. Neste trabalho, nossa atenção focalizou, como resposta ao desafio da violência, a importância do *testemunho* de uma vida comunitária eclesial sadia.

2) Ora, para concretizar esse testemunho, é necessário cuidar do fundamento antropológico que é a relativa maturidade na *comunicação afetiva* alicerçada no processo de desenvolvimento de uma *subjetividade aberta*, sempre no interior de *uma antropologia de integração*, em que as distintas dimensões constitutivas do ser humano são articuladas e inter-relacionadas, dinamicamente, na unidade que é o sujeito humano. Trata-se de um fundamento que, infelizmente, nem sempre está sedimentado bastante. E uma vez que as espetaculares descobertas no campo da biologia levam, hoje, não poucos cientistas a minimizarem a distinção qualitativa existente entre o ser humano e os outros seres vivos, tornou-se necessário clarificar em que, de fato, consiste a especificidade do sujeito humano e da correspondente afetividade. É verdade que, em nome da dimensão espiritual, o dualismo clássico desvalorizou a dimensão biológica da vida humana. A tendência que predomina, hoje, no âmbito científico, é a contrária, portanto, também é dualista. Em nome da importância da realidade biológica, a dimensão espiritual do ser humano é que corre o risco de ser negligenciada, quando não simplesmente negada. Acontece, aqui, a reversão dialética.

3) A Igreja "é em Cristo como que o sacramento ou o sinal e instrumento da íntima união com Deus e da unidade de todo o gênero humano" (LG, n. 1). Ela é chamada a ser um sinal vivo de amor concreto e de

fraternidade. E, conforme foi ressaltado neste trabalho, esse sinal vivo está pedindo, por parte dos cristãos e das comunidades, uma incessante procura da vivência adulta comunitária. A resposta ao desafio representado pela violência destruidora exige muito mais do que belos discursos sobre paz e fraternidade. A relevância do evangelho, hoje, passa sobretudo pelo testemunho comunitário adulto, expressão do sentido libertador do amor de Deus e fermento de um mundo fraterno.

4) Como, no entanto, poderá a comunidade cristã, se estiver penetrada de violência, ser sinal e instrumento do amor de Deus e da fraternidade humana, resposta profunda e eficaz à violência destruidora? Tratar seriamente da superação da violência implica uma honesta revisão do passado e do presente das Igrejas, pois, em nome de Jesus Cristo e do Deus Amor, muita violência tem sido cometida. É mister reconhecer que a procura de vítimas expiatórias está presente, com não pouca frequência, na vida das Igrejas.

5) Entretanto, devemos reconhecer, com igual honestidade, a existência de tantas comunidades eclesiais que estão seriamente empenhadas no desenvolvimento de relações comunitárias, no sentido explicado neste capítulo. Concretizam, assim, a proposta evangélica da vivência de uma fraternidade real no meio de tensões e conflitos, de uma reconciliação sem a vítima expiatória, e de um serviço autêntico aos mais abandonados e excluídos. Trata-se de uma maneira viva e concreta de responder ao desafio da violência.

6) Não parece demais sublinhar que a relevância concedida ao tema das comunidades eclesiais, na resposta ao desafio da violência, deverá estar acompanhada da denúncia e do empenho eclesial na luta contra as causas da violência, tanto no plano do macrossocial quanto no das relações interpessoais. Em uma perspectiva antropológica integrada, não dá para separar a experiência comunitária, no nível aqui analisado, dos compromissos éticos pela justiça e pelo amor efetivo nas relações pessoa-pessoa, extracomunitárias bem como nas relações sociais, eco-

nômicas e políticas. As relações comunitárias de que tratamos aqui são exatamente o contrário de uma proposta de alienação e de falta de compromisso diante da injustiça e das causas da violência.

7) Decerto, o desenvolvimento de comunidades eclesiais sadias não é a solução ao desafio da violência. Mas, ele aponta como sinal vivo, para a solução. Aponta, de maneira concreta, para uma vivência da fraternidade real, para além dos belos discursos, para uma reconciliação capaz de ver o outro como irmão, vencendo a tentação de projetar nele a própria violência e capaz de colocar-se a serviço das vítimas. A importância desses sinais vivos nunca deveria ser negligenciada. A denúncia da injustiça e da violência, em suas formas mais variadas, é necessária. Faz parte da missão profética da Igreja, sem dúvida. Mas apresenta pouca ou nenhuma credibilidade quando não está alicerçada na vivência de relações realmente comunitárias no interior da mesma Igreja; relações comunitárias, vivência de *koinonia*, que é inseparável do serviço concreto extracomunitário. Assim, a comunidade cristã vai se tornando o sal e o fermento de que fala o evangelho. E não será inútil lembrar as palavras duras do próprio Jesus Cristo sobre o sal que perde seu sabor e não serve mais para nada; "jogam-no fora e é calcado aos pés pelos homens" (Mt 5,13).

Que as reflexões anteriores possam estimular um pouco mais o desenvolvimento de comunidades eclesiais vivas, mais amadurecidas no relacionamento afetivo, mais capazes de viver uma real *koinonia*, sinal e sacramento de fraternidade, de reconciliação autêntica e de amor-serviço às vítimas; comunidades que sejam sinais vivos, apontando para uma superação real da violência destruidora.

8) Finalmente, o fio condutor desta obra aparece. também claramente, neste capítulo. A existência de comunidades eclesiais sadias não é apenas uma resposta ao desafio da violência. Elas constituem o espaço vital indispensável para o processo de amadurecimento na experiência do Deus cristão.

5
Prioridade do perdão sobre a culpa

Introdução

Quando li a obra de J. Delumeau[234], pouco tempo depois de sua publicação, fiquei muito impressionado. Depois de mais de 15 anos, voltei a ler a obra na edição brasileira. A impressão que outrora me causara ficou mais profunda ainda. O autor mostra, na pesquisa feita em seiscentos anos da história da Europa (desde o século XIII até o século XVIII), como foi se desenvolvendo uma "culpabilização maciça" em conexão com o medo[235]. Lendo os textos citados pelo autor, lembrei-me nitidamente de minha infância, do primeiro contato com a pregação da Igreja, em uma pequena cidade da Espanha, na década de 1940. A temática que infundia medo e culpa estava fortemente presente. Lembro-me bem do medo que sentia diante das terríveis pregações sobre a morte, sobre o pecado mortal, sobre a condenação eterna, e assim por diante. Na década de 1950, a situação não era muito diferente.

Conforme avançava na leitura do livro, vinham à minha mente as palavras da *Gaudium et Spes* 19 a respeito da responsabilidade dos crentes no aparecimento e difusão do ateísmo:

---

234 Cf. DELUMEAU, J. *Le péché et la peur* – La culpabilisation en Occident (XIII-XVIII siècles). Paris: Fayard, 1983.

235 Cf. DELUMEAU, J. *O pecado e o medo* – A culpabilização no Ocidente (séculos XIII-XVIII). Op. cit. Vol. 1, p. 9.

Por esta razão, nesta gênese do ateísmo, grande parte pode ter os crentes, enquanto, negligenciando a educação da fé, ou por uma exposição falaz da doutrina, ou por faltas na sua vida religiosa, moral e social, se poderia dizer deles que mais escondem que manifestam a face genuína de Deus e da religião.

Só que, no presente caso, foi a própria Igreja que orientou essa pastoral do medo, que obscureceu a imagem do Deus da salvação e do amor gratuito. A predominância de uma pastoral do medo e da culpabilização só podia contribuir, e poderosamente, para o aparecimento e a difusão do ateísmo. Era de esperar que a sensibilidade moderna reagisse de maneira muito negativa, diante de uma tal pastoral.

Certamente não se trata de erigir-se em juiz do passado. J. Delumeau deixa isso bem claro. O que a obra pretende é "esclarecer o fundamento e a difusão de um discurso culpabilizador" e, ao mesmo tempo, "redescobrir a mais autêntica mensagem cristã"[236]. Em sintonia com essa intenção, procuramos entender, neste capítulo, com a ajuda da obra acima indicada, o porquê da pesada culpabilização experimentada por muitos cristãos (item 1). Em um segundo momento, tentamos compreender o fenômeno da culpabilização, utilizando alguns elementos tomados da psicanálise (item 2). Finalmente, o mais importante, apontamos para o significado cristão de um autêntico sentimento de culpa (item 3).

Certamente, a reflexão desenvolvida neste capítulo está também a serviço do processo que leva a uma fé amadurecida no Deus cristão. De fato, como no capítulo anterior, quando foi abordado o desafio da violência, neste último capítulo o tema da culpabilização excessiva é focalizado porque constitui um obstáculo formidável para a vivência de uma experiência amadurecida de encontro com o Deus cristão. Já o sentimento de culpa, entendido de maneira adulta, faz parte dessa experiência amadurecida.

---

236 Ibid., p. 7.

1 A pastoral do medo e a culpabilização

Na pesquisa histórica realizada por J. Delumeau, aparece, claramente, o quanto o medo estava presente, na época por ele estudada: medo provocado pelos grandes infortúnios que se abateram sobre a Europa, entre o período da Peste Negra (1348-1351) e o fim das terríveis guerras de religião (1648). Além da peste que assolou os países europeus e que reapareceu frequentemente, é necessário lembrar o medo provocado pela expansão do poderio turco, pelas guerras civis e de religião bem como pelo Cisma do Ocidente[237].

Tratava-se de perigos e inimigos externos que infundiam medo e contra os quais era necessário lutar. Especialmente o medo da violência onipresente (guerras e mais guerras...) e de seu corolário, a morte. Mas a morte era vista em estreita conexão com o pecado e com o castigo, pois o pior inimigo, o que provocava maior medo e exigia uma luta maior, encontrava-se dentro do próprio ser humano. Era o medo provocado pelo "horror" do pecado e pela obsessão da condenação eterna[238]. E, claro está, o medo, de um Deus que contabiliza cada um dos pecados[239], visto como juiz terrível. E, assim, a pregação "falava do medo a pessoas que tinham medo e, enfim, falava do medo que era delas"[240].

Nesse clima, é fácil deduzir que a visão do ser humano não podia ser otimista. Nem mesmo na época da Renascença[241]. O influxo da visão neoplatônica dualista está fortemente presente,

---

237 Cf. Ibid., p. 179.

238 Cf. Ibid., p. 9 e12,

239 Cf. Ibid., p. 383

240 Ibid., p. 181.

241 Nosso autor mostra que, na Renascença, não foi o otimismo antropológico que predominou, mas, ao contrário, um acentuado pessimismo. É verdade que a temática da "época de ouro" aparece com frequência, mas trata-se de um sonho que contrasta com a visão sombria do presente. Cf. Ibid., p. 229-233. O progresso das artes e das ciências foi grande, sem dúvida, mas acompanhado de acontecimentos que pressagiavam o desastre considerado iminente. Acresce que o tema da maldade humana foi focalizado insistentemente na Renascença. Na realidade, é fácil resumir o diagnóstico antropológico "o homem é mau!" Cf. Ibid., p. 265ss.

polarizado, especialmente, em torno do acentuado "desprezo do mundo e do ser humano". Um desprezo que, conforme a pesquisa do nosso autor foi cultivado primeiramente nos mosteiros, passando, depois, a fazer parte da espiritualidade dos cristãos, em geral, tornando-se um fato cultural, tão presente entre os católicos como entre os reformadores[242].

Assim, nas pregações dirigidas ao povo cristão e nos cânticos aparece constantemente o tema do "desprezo do mundo", e, como consequência, o desprezo da beleza vista como enganadora, a recusa dos divertimentos (até o ponto de se afirmar que "Jesus nunca riu"!), sendo o sofrimento apresentado como a característica própria do cristão. O modelo monástico da vida ascética foi sendo imposto ao comum dos cristãos. Não é de estranhar, portanto, a suspeita com que a vida conjugal era focalizada, considerada sujeita a graves desordens, bem como o ataque contra as segundas núpcias e a exaltação da virgindade e da castidade[243]. Esse desprezo do mundo comportava também a desmobilização social junto com a aceitação passiva das injustiças. Afinal, este mundo não passa de "vale de lágrimas"[244].

O desprezo do mundo explica também a insistência, nos sermões e cânticos, no tema da morte: o cristão vive com o pensamento na morte. A lembrança da morte tem como objetivo evitar o pecado[245]. O mesmo objetivo está presente nas pregações terríveis sobre o inferno e sobre o purgatório[246].

E a imagem de Deus? Certamente, aceitava-se sua infinita bondade, mas, ao mesmo tempo, afirmava-se que Ele punia terri-

---

242 Cf. Ibid., p. 19-67. De fato, o desprezo foi mais radical entre os reformadores, pois o próprio espírito humano era considerado mau, e, assim, não adiantava fugir do mundo para se refugiar no mosteiro. Cf. Ibid., p. 61.

243 Cf. Ibid., vol. 2, p. 232, 237-238.

244 Cf. Ibid., p. 251-256.

245 Cf. Ibid., p. 47ss. Chocante, mesmo, é o caso extremo do eremita, que, para vencer a tentação do desejo sexual, entrou na sepultura da mulher desejada, morta havia três anos, para cheirar o que restava da carniça dela. Cf. Ibid., p. 71.

246 Cf. Ibid., p. 91-141.

velmente. Predominava a imagem de um Deus de "olhos de lince", um Deus que se manifestaria como vingador, quando do final do mundo e do correspondente julgamento, mas que castiga já aqui, neste mundo atual. Era um Deus misericordioso, sem dúvida, mas sua misericórdia não podia sobrepor-se à sua justiça. Era um Deus Pai, mas, por causa do pecado humano, *enfurecido* contra o Filho, Jesus Cristo. Um Pai sobretudo juiz e castigador, bem diferente do *Abbá* de Jesus[247].

J. Delumeau vai mostrando, no decorrer da sua pesquisa histórica, o quanto estava presente, na elite europeia, uma visão sombria e pessimista do ser humano e do mundo. Acentuou-se a fragilidade do ser humano, em todos os sentidos[248]. No coração mesmo dessa visão pessimista está a firme convicção de que o ser humano é grandemente pecaminoso. De fato, na antropologia cristã e na vida do cristão, o pecado passou a ocupar o centro da preocupação, tornando-se uma realidade cultural central[249]. De maneira toda especial, isto aconteceu com o pecado original. É difícil avaliar, hoje, a importância teórica e prática concedida outrora ao pecado original. De fato, este foi utilizado para explicar tudo quanto acontecia de mal no mundo e nas pessoas[250].

O desprezo do mundo e a pecaminosidade do ser humano explicam também a enorme importância concedida à morte[251]. A frequência do discurso macabro, na época estudada, aponta para uma pedagogia religiosa própria do período: a contemplação da morte estava a serviço da destruição das ilusões e dos enganos deste mundo. Essa pastoral do medo estendeu ao conjunto dos cristãos esta pedagogia originalmente desenvolvida nos mosteiros[252]. Convém frisar bem: o que essa pastoral pretendia era apresentar a salvação

---

247 Cf. Ibid., p. 143-180.

248 Cf. Ibid., vol. 1, p. 221.

249 Cf. Ibid., p. 357.

250 Cf. Ibid., p. 478.

251 Cf. Ibid., p. 69-212.

252 Cf. Ibid., p. 210.

como realidade do além, da outra vida, conseguida após a morte. Para isso, o discurso macabro inculcava o desprezo do mundo atual, para que o cristão se libertasse dos seus enganos colocasse sua esperança no outro mundo, onde estará a salvação. É fácil perceber que o influxo da antropologia dualista era muito acentuado em toda a época analisada.

O pessimismo antropológico aparecia também ressaltado, quando se afirmava, insistentemente, que eram poucos os que se salvam. Por isto, o texto evangélico "muitos são os chamados, poucos os escolhidos" (Mt 22,14) era compreendido, sobretudo, em sentido restritivo e aplicado à salvação eterna. A impressão que se tem, a partir das palavras de J. Delumeau, é a de uma "falência da redenção"[253].

O horizonte, sempre presente, do profundo desprezo pelo mundo atual, a insistência na enormidade do pecado humano, a imagem de um Deus irado e vingativo, em quem a justiça punitiva sobressai sobre a misericórdia, só podia levar a uma enorme culpabilização, "superculpabilização", conforme o nosso autor[254]. Em última análise, esta superculpabilização é decorrente do fato de que a realidade do pecado foi muito mais ressaltada, na época estudada, do que a experiência do perdão. E isto em conexão, claro está, com a imagem prevalecente de Deus: justo e castigador em detrimento de sua bondade e misericórdia[255].

Dado que as calamidades e males da época eram atribuídos ao pecado, a insistência sobre sua gravidade reforçava a culpabilização. A situação angustiante, atribuída ao pecado, e a culpabilização se reforçavam, então, mutuamente. E, desse modo, constata o autor, a culpabilidade foi crescendo na Europa dos séculos XIV a XVI. Mas foi entre os séculos XVI e XVII que se teria desenvolvido "a mais poderosa culpabilização coletiva da história"[256].

---

253 Cf. Ibid., p. 537ss.

254 Cf. Ibid., p. 15.

255 Cf. Ibid., p. 14.

256 Ibid., p. 460.

Conforme a exposição de J. Delumeau, o discurso culpabilizador, surgido na vida monástica, predominou na elite europeia, na época por ele estudada. Das elites, este discurso, mediante as pregações, passou para o povo cristão em geral, tanto católico como protestante[257]. Certamente, a pedagogia do medo tinha como objetivo a conversão dos pecadores: "Culpabilizar para salvar"[258]. Esta frase resume bem a intencionalidade da pastoral do medo. Isto aparece fortemente presente nas missões populares, embora seja verdade que o objetivo final destas era despertar a esperança. Dessa forma, nosso autor reconhece também a existência de uma "pastoral de sedução", que acompanhou a pastoral do medo[259]. Nas pregações das missões populares, contudo, predominou a dimensão do medo. Também na pregação ordinária semanal, o autor constata um progressivo endurecimento da linguagem pastoral, com crescente insistência nos temas da pastoral do medo[260].

Diante de um Deus irritado pelo pecado, os cristãos devem reconhecer que merecem todas as punições possíveis. Sem dúvida, trata-se de um convite para desenvolver a superculpabilização[261]. Os pecados que mais preocupam são a avareza, a luxúria e a inveja. Mas, à medida que vai diminuindo a importância dada ao amor pelo dinheiro, aumenta o medo do sexo. Este medo se manifesta na profunda desconfiança em relação ao casamento, visto como um estado "perigoso", e em relação à mulher, tida como "perversa", mesmo quando casada. Na realidade, o sexo no casamento o que faz é tornar "honesto" aquilo que é "infame"[262]. Esse clima cultural de medo ao sexo está unido ao medo do corpo, fonte de impureza, e ao verdadeiro horror à nudez (entende-se, pois, a hostilidade às danças, a proibição dos banhos, a condenação das canções de amor etc.).

---

257 É o que o autor mostra no vol. 2 da edição brasileira.

258 Ibid., vol. 2, p. 35

259 Cf. Ibid., p. 37-38.

260 Cf. Ibid., p. 43ss.

261 Cf. Ibid., p. 181-189.

262 Cf. Ibid., p. 199-208.

Desenvolve-se uma tendência a ver impureza em toda parte, com a correspondente superculpabilização[263].

Atenção especial dedica o autor à culpabilização provocada pela obrigatoriedade da confissão auricular anual, na Igreja ocidental. A Igreja ficou obcecada pelo problema da confissão, em que o confessor aparecia sobretudo como juiz e o penitente como acusado. A confissão obrigatória, detalhada e "exata", significou, conforme o nosso autor, um enorme obstáculo psicológico para a maioria dos cristãos. Por isto, a resistência da população católica em relação à confissão não era de se estranhar. Para enfrentar essa resistência e evitar confissões sacrílegas, os pastores sentiram a necessidade de provocar medo, de desenvolver aqui também a pastoral do medo, com a correspondente culpabilização[264].

Será que o discurso do medo e da culpabilização, na pregação ao povo cristão, predominou mesmo na época estudada pelo autor? Este procura quantificar o peso desse discurso e chega à conclusão de que, na pregação habitual dos vigários, estavam presentes, quase meio a meio, o discurso do medo e o discurso de encorajamento, sendo que nos séculos XVII e XVIII, a pregação tendeu mais para a ameaça e o medo. Já nas pregações de choque (missões...), desde o século XVI até a metade do século XX, predominou o discurso com ameaças e culpabilização[265].

Na pregação das Igrejas da Reforma, o discurso do medo e da culpabilização esteve também fortemente presente. Aparecem, recorrentemente, os mesmos temas da pregação católica: o desprezo do mundo, a insistência sobre a morte, a hostilidade ao corpo, o julgamento e a cólera de Deus, os suplícios eternos e assim por diante[266]. Contudo, há dois temas próprios da Reforma protestante relacionados ao medo e à culpabilidade. Trata-se do discurso escatológico com forte carga de violência, apto a provocar medo, e o tema

263 Cf. Ibid., p. 209-222.

264 Cf. Ibid., vol. 2, p. 257-286.

265 Cf. Ibid., p. 289-307.

266 Cf. Ibid., p. 311ss.

da predestinação (o livre-arbítrio e a eleição), provocando angústia a respeito da própria salvação e o temor da reprovação[267].

O mesmo Delumeau não teme afirmar que o excesso de culpabilização, nos séculos por ele estudados, configurou uma "neurose coletiva de culpabilidade", com um caráter nitidamente obsessivo[268]. O autor, fundamentado em S. Freud, percebe a existência de uma agressividade recalcada por trás dessa culpabilidade exacerbada: um "retorno sobre si de uma agressividade normalmente dirigida para fora e sentida como destruidora dos vínculos de amor e de amizade"[269]. Delumeau certamente reconhece e valoriza a importância da agressividade no desenvolvimento das atividades humanas. O que aconteceu, porém, foi que a agressividade, em vez de ser canalizada construtivamente, acabou sendo reprimida, voltando-se, assim, contra a própria pessoa e contra os outros (os pecadores). Fica, assim, configurada a tentação do "angelismo", que, no fundo, é uma recusa a "aceitar a si mesmo com seus desejos e com seu corpo"[270].

Estas últimas considerações introduzem já o tema da culpabilização na ótica da psicanálise.

2 A culpa na perspectiva psicanalítica

Ainda hoje, ficamos impressionados com a crítica de S. Freud à religião. E isso mesmo descontando suas insuficiências antropológicas e extrapolações ilegítimas ao tratar o fato religioso. Essas críticas são bem conhecidas, e sempre devem ser levadas em consideração como também as respostas que a elas têm sido dadas. Porém, bem mais importante que a crítica direta contra a religião, afirma C.D. Morano, é perceber aquilo que a própria psicanálise tem a dizer sobre o homem e a mulher religiosos[271]. E não é demais lembrar que, sempre conforme este autor, a psicanálise não se pronuncia sobre a verdade

---

267 Cf. Ibid., p. 371-434.

268 Cf. Ibid., vol. 1, p. 564ss.

269 Ibid., p.67.

270 Ibid., p.569.

271 Cf. MORANO, C.D. *Crer depois de Freud.* Op. cit., p. 92.

dos conteúdos religiosos, pois isto não faz parte do seu método e do seu objetivo. Ela se preocupa sempre na perspectiva do inconsciente, com o sujeito que aceita esses conteúdos e com eles se relaciona. E, sem dúvida, o sujeito crente pode aceitar e viver esses conteúdos de maneira regressiva infantil, alienante, ilusória ou neurótica.

Perguntamos, então: *O que a psicanálise nos diz sobre a realidade da culpa?* Na procura de uma resposta, fundamentamo-nos, também aqui, na reflexão de C.D. Morano.

O sentimento de culpa, lembra este autor, acompanha o ser humano desde a noite dos tempos e nele encontra-se presente desde os primeiros estágios da vida do bebê. Convém assinalar que, conforme vimos no capítulo 2, após o nascimento, o bebê só fica separado da mãe até certo ponto, pois o psiquismo continua fusionado simbioticamente com ela. O bebê deseja continuar fusionado com a totalidade envolvente que a mãe representa. Nessa primeira etapa, o bebê não se percebe distinto da mãe e do mundo exterior. Ora, o narcisismo radical do bebê e o desejo de onipotência que o acompanha não podem aceitar que a mãe não esteja *sempre* presente, que não o gratifique continuamente. Conforme afirma Melanie Klein e a sua escola de psicanálise, o seio materno concentra a gratificação e a bondade materna, quando se aproxima, mas, quando se afasta, é percebido como "mau" (certamente, não em sentido ético). Nos quatro primeiros meses da vida do bebê, pulsões agressivas coexistem com as pulsões libidinosas, referidas ao objeto, sobretudo o seio materno, cindido em dois: o objeto "bom" e o objeto "mau"[272]. O seio é "bom" porque está com o bebê, faz parte de seu mundo, gratificando-o." O seio é "mau", quando está ausente, negando a satisfação desejada pelo bebê. O seio bom é "amado"; o seio mau é "odiado"[273].

A partir do quarto mês, aproximadamente, o bebê vai "percebendo" que o seio "amado" é o mesmo seio "odiado". Aos poucos,

---

272 Cf. LAPLANCHE, J. & PONTALIS, B. *Diccionario de Psicoanálisis*. Op. cit., p. 278-280.

273 Cf. MORANO, C.D. *Experiencia cristiana y psicoanálisis*. Op. cit., p. 78-79. O cap. 2 desta obra é dedicado ao tema da culpa e da reparação.

vai se impondo a ele a dura realidade: não há dois seios diferentes. O seio "bom" e o seio "mau" não são dois objetos distintos; antes "constituem dimensões parciais de um único objeto total: a mãe. E ele será obrigado a admitir que a mãe que o gratifica com sua presença é a mesma que o frustra, no que ele experimenta como abandono"[274].

Pois bem, o sentimento de culpa aparece já no início da vida do bebê, em conexão com a relação que ele mantém com o seio materno. Com efeito, o "ódio" contra o seio "mau" carrega consigo forte dose de agressividade. Uma vez internalizada essa agressividade contra o seio "mau", fica aberta a possibilidade do desenvolvimento da culpa conhecida na psicanálise como *persecutória*, que tende a destruir o objeto odiado ou a se autodestruir. A partir do quarto mês, aproximadamente, o bebê vai percebendo o objeto total que é a mãe e, assim, que o seio odiado é o mesmo seio amado. Esta percepção torna possível o desenvolvimento do sentimento de culpa chamado *depressivo*. A criança sente-se culpável pelo dano causado "ao objeto bom do qual depende e do qual recebe a satisfação de suas necessidades mais primárias"[275]. O sentimento de culpa depressivo tende a *reparar* o dano causado pela agressão contra o objeto odiado-amado[276]. E tudo isto acontece antes mesmo da transgressão a uma lei ou norma. Nas palavras de C.D. Morano ocorre "Desde os primeiros dias da nossa vida, pois, o amor e o ódio dão lugar à culpa persecutória e à culpa depressiva, culpa que autodestrói e culpa que repara"[277]. Claro está que, com o aparecimento da lei e da proibição, o sentimento de culpa vai aparecer vinculado à transgressão. O mito do assassinato do pai primevo, conforme o próprio Freud, coloca na pré-história o início da proibição. As mulheres desse protopai são proibidas aos filhos. Esta seria a proibição originária. Proibição desobedecida pelos filhos mediante o

---

274 Ibid., p. 79.

275 Ibid.

276 Cf. LAPLANCHE, J. & PONTALIS, B. *Diccionario de Psicoanálisis*. Op. cit., p. 276-278.

277 Cf. MORANO, C.D. *Crer depois de Freud*. Op. cit., p. 145.

assassinato do pai, daquele que representa a lei, a norma e a proibição. Só que a eliminação do pai primevo não resolve o problema das proibições e leis. O pai tem um herdeiro, internalizado no inconsciente do ser humano: o *supereu* ou *superego*. É a lei e a proibição dentro de nós: "Dali ditará suas leis, proporá modelos, castigará com sentimentos de culpa as transgressões e com sentimentos de inferioridade a não adequação aos modelos"[278]. O sentimento de culpa, portanto, faz parte da estrutura psíquica do ser humano. Não é um "invento" da religião, conclui Morano.

Lembrar estes dados psicanalíticos é importante aqui para mostrar o quanto o sentimento de culpa está radicado no psiquismo humano: é uma realidade constitutiva da pessoa. Assim sendo, é de suma importância saber distinguir um sentimento de culpa sadio de um sentimento de culpa *morboso*.

Como já ressaltado acima, a psicanálise identifica um sentimento de culpa conhecido como "persecutório", que leva a pessoa a ficar prisioneira da falta ou do mal cometido, prisioneira do passado, um passado remoído frequentemente. Esse sentimento de culpa manifesta um dinamismo regressivo, expressão do desejo inconsciente de onipotência e da ambivalência infantil diante do ao seio materno (amado e odiado, ao mesmo tempo) e, posteriormente, diante da figura paterna (também odiada e amada). É um sentimento de culpa incapaz de impulsionar para um futuro a ser transformado, sentimento estéril, orientado para a autodestruição, para a destruição do (s) outro (os) e para a morte.

Também há, porém, um sentimento de culpa sadio, necessário para a vida humana adulta e, no nosso caso, para a experiência cristã amadurecida. Trata-se do sentimento de culpa ("depressivo") que orienta para a mudança, para um futuro a ser melhorado. Neste sentimento, aparece como prioritário o pesar motivado pelo mal causado ao outro. No centro, não está o próprio narcisismo ferido, mas o mal causado à pessoa do outro. É o pesar pela ruptura da amizade,

---

278 Ibid., p. 146.

pela infidelidade ao compromisso assumido com o outro ou com o nosso ideal de vida. É um pesar que orienta para o pedido de perdão, para a reparação, para a modificação das atitudes que levaram a causar esse mal, para o restabelecimento da relação quebrada[279].

Temos necessidade, afirma Morano, da "estrutura psíquica que nos faz sentir desgostosos conosco, quando nosso comportamento se distancia daquilo que nos propusemos como ideal ético ou religioso"[280]. O sentimento de culpa nos faz perceber o dano causado a nós mesmos e aos outros pela atitude ou comportamento destrutivo ou por nossa omissão, além de nos orientar em relação aos valores[281]. O sentimento de culpa, nesse sentido, é necessário e fecundo, orientando para a conversão e para o futuro. É uma "culpa a serviço das pulsões de vida e que por isso vem a expressar um profundo desejo de continuar vivendo mais e melhor"[282].

Obviamente, a culpa vivida na perspectiva da experiência do Deus cristão supõe esse segundo tipo de sentimento de culpa.

3 Sentimento de culpa na perspectiva cristã

Como vê a antropologia cristã o sentimento de culpa? Qual é a visão cristã da culpa e da culpabilidade?

Primeiramente, é necessário reafirmar mais uma vez que o inconsciente está presente nas relações religiosas, como está em todas as relações vividas pelo ser humano. Contudo, há que reconhecer que, concretamente, não parece nada fácil tomar consciência dos nossos sentimentos de culpa. Defendemo-nos desses sentimentos que socavam nosso narcisismo e parecem atentar contra a nossa autoestima. Ora, o que acontece quando, por causa do nosso narcisismo, a culpa não é reconhecida e aceita como uma realidade nossa? A consequência é projetar, frequentemente, nos outros nossos sen-

---

279 Cf. MORANO, C.D. "Psicoanálisis y cristianismo". In: *Proyección*, 50, 2003, p. 333-355.

280 Cf. MORANO, C.D. *Crer depois de Freud*. Op. cit., p. 147.

281 Cf. Ibid., p. 147-148.

282 Ibid., p.149.

timentos de culpa. Eles é que são culpados, "bodes expiatórios". E encontrar "bodes expiatórios" é bastante fácil. Ou, então, tais sentimentos são dirigidos contra a própria pessoa, de maneira autodestrutiva. Aqui também, como em outros aspectos da nossa vida, o primeiro passo, tendo em vista a superação do problema, consiste em *aceitar e assumir* a realidade da nossa culpa.

Em segundo lugar, importa deixar claro que o arrependimento, na perspectiva cristã, supõe, no nível psíquico, o sentimento sadio de culpa descrito no item anterior. Por outro lado, há que reconhecer que a espiritualidade cristã pode estar viciada gravemente por sentimentos de culpa autodestrutivos e destrutivos dos outros. Mais uma vez, é bom lembrar: isto se refere ao sujeito que afirma crer e não ao conteúdo da fé. Isto é, a psicanálise não trata do conteúdo do arrependimento em sentido cristão, mas da pessoa que pode viver, morbosamente, esse conteúdo.

Feitas estas observações prévias, focalizo, a seguir, alguns dados básicos da antropologia cristã que podem iluminar o significado do sentimento de culpa, visto na ótica da salvação cristã. Os dados são apresentados de maneira bastante sumária. Reconheço que a temática está a exigindo um aprofundamento maior.

3.1 Salvação cristã e libertação da culpa

É verdade que encontramos no AT textos que nos falam da cólera terrível de Iahweh. Contudo, estes textos vão sendo purificados. Sabemos que, tanto no Antigo Testamento quanto no Novo Testamento, aparece como fato central a experiência de Deus como salvador[283]. No NT está presente, de maneira fortemente sublinhada, a realidade do perdão divino que liberta o homem do peso da culpa para que possa viver uma vida nova, na liberdade e no amor. Deus não culpabiliza; antes, conforme a afirmação de 1Jo 3,20, "se o

---

283 Cf. GARCÍA RUBIO, A. *Unidade na pluralidade* – O ser humano à luz da fé e da reflexão cristãs. Op. cit., cap. 3 (sobre o AT) e cap. 4 (sobre o NT).

nosso coração nos acusar, Deus é maior que nosso coração e percebe todas as coisas".

O Deus-*Abbá* de Jesus não culpabiliza; antes, liberta da culpa. O Deus-*Abbá* não é o Juiz implacável que aparece mencionado na obra de J. Delumeau, a partir dos numerosos textos por ele citados. Ao contrário, o Deus de Jesus Cristo é um Deus que nos liberta do peso da culpa, do peso do mal feito a nós mesmos e aos outros seres humanos, pois o pecado é desumano e desumaniza. Esse juiz implacável, esse vigilante contínuo e esse acusador incansável não é o Deus-*Abbá* de Jesus Cristo, mas uma projeção do medo do ser humano, como bem mostrou o próprio J. Dulumeau. Logo, não representa a verdadeira imagem do Deus de Jesus Cristo.

3.2 A prioridade da graça e do amor

Um problema básico, na tradição estudada por J. Delumeau, consiste em que a realidade do pecado e da culpa foi dominando a consciência cristã de maneira exagerada. Este autor tira uma conclusão correta diante dos textos citados: dão a impressão de que o pecado é onipotente![284] Precisamente o contrário da afirmação paulina: "Onde avultou o pecado, a graça superabundou" (Rm 5,20). Na perspectiva da salvação, o fundamental é sempre a graça e o amor de Deus. O pecado e a culpa são vistos a partir dessa experiência de salvação gratuita oferecida pelo Deus-Ágape. Na experiência cristã, o primeiro e mais fundamental não é a consideração do pecado e da culpa, mas a abertura para acolher o dom do amor misericordioso do Deus-Ágape (amor gratuito). Contudo, parece que resulta muito difícil aceitar a gratuidade da salvação, do amor de Deus. Conforme C.D. Morano, esta dificuldade estaria radicada nas próprias estruturas psíquicas. E, por isto, acrescenta este autor, "algo nos impele ao sacrifício, a matar algo de nós como reparação prévia ao reencontro,

---

284 DELUMEAU, J. *O pecado e o medo* – A culpabilização no Ocidente (séculos XIII-XVIII). Op. cit. Vol. 1, p. 575.

porque não concebemos como o outro possa não necessitar de nada nosso para poder aproximar-se e perdoar"[285].

Realmente, parece muito difícil aceitar um Deus que perdoa antes de a gente pedir perdão! Ora, o prioritário, na experiência cristã, é a receptividade para acolher o amor de Deus, uma salvação que é de graça, que não pode ser comprada com as nossas "boas" obras, nem com as mais amargas lágrimas provocadas pelo sentimento de culpa – pois o sofrimento causado pela consciência do pecado pode ser vivido como uma "obra" oferecida a Deus, no pior estilo farisaico.

O pecado e a culpa não constituem como pareceu a muitos no passado, o centro da experiência cristã[286]. O centro é o amor incondicional de Deus, amor estupendamente gratuito, para além de qualquer merecimento da nossa parte; é a gratuidade do Reino de Deus, anunciada como boa-nova por Jesus, em contraposição à relação comercializada própria do espírito farisaico. É a partir da graça de Deus que percebemos o significado destruidor e desumanizador do pecado, a situação de escravidão que ele comporta.

Nunca como hoje foi tão necessário o anúncio-vivência do núcleo da pregação e da atividade toda de Jesus de Nazaré: a chegada do Reino de Deus, do amor gratuito de Deus-*Abbá*. Levados pelo ativismo, caímos facilmente na tentação da estéril justificação pelas obras (comportamento ético, luta pela justiça, trabalhos pastorais etc.). Claro está que tudo isto é necessário, mas é insuficiente para enfrentar em profundidade o desafio do pecado e da culpa. A comunidade cristã tem que mostrar, por meio de palavras e atitudes concretas, a realidade de que a salvação, dom gratuito do amor de Deus, é oferecida a todos, incondicionalmente.

É na vivência da boa *notícia evangélica* que a comunidade encontra a inspiração e a energia para os compromissos no campo ético. O prioritário é deixar que Deus seja Deus, de verdade, na

---

285 MORANO, C.D. *Crer depois de Freud*. Op. cit., p. 154.

286 Cf. BEAUCHAMP, A. "Y a-t-il encore des péchés?" In: *Prêtre et Pasteur*, 104, 2001, p. 66-74.

nossa vida. É acolher um dom que não podemos "conquistar", nem "ganhar". Mas, em uma cultura que valoriza tanto a produtividade e o fazer, resulta ainda mais difícil aceitar que a salvação é dom, comunicação do amor de Deus, algo que não se pode comprar com nenhuma obra, nem mesmo – convém repetir – com o sofrimento causado pelo sentimento de culpa.

Certamente, esta prioridade da salvação como dom não invalida a resposta humana. Na relação com Deus salvador, trata-se sempre de viver a *receptividade ativa*. Acolher o amor de Deus nunca deixa o ser humano passivo, antes instaura um forte dinamismo para a vivência do amor-serviço, da solidariedade concreta e do empenho com a promoção da justiça. É à luz da salvação gratuita oferecida por Deus, com anterioridade a toda obra humana, que se ilumina a realidade da gravidade do pecado, mostrando o quanto ele é desumano e destrutivo. Neste contexto, é possível o arrependimento, o reconhecimento do pecado cometido e o caminho para a conversão. Mas, esse é um percurso vivido à luz e ao calor da presença amorosa de Deus: algo tão diferente da angústia asfixiante, dos escrúpulos e do fechamento narcisista na própria culpabilidade!

3.3 A realidade do mal sem culpa

A propósito da culpa e do culpabilismo, o teólogo A. Gesché nos lembra de que o mal, na tradição teológica cristã, tem sido focalizado de dois modos bastante diferentes: há uma tradição que o vê sobretudo como *culpa*. Nessa ótica, o mal é causado pelo ser humano que aparece como responsável por ele e, assim, como culpado. O fundamento desta tradição encontra-se em Gn 3, sendo Santo Agostinho quem melhor a tematizou, especialmente com a Doutrina do Pecado Original. Uma vez que o mal é visto como culpa humana, essa explicação do mal, conhecida como "paulina", ressaltará fortemente a responsabilidade do ser humano. É fácil constatar que se trata da tradição presente, predominantemente, nos séculos XIII a XVIII estudados, por J. Delumeau.

Uma segunda tradição, a "lucana", vê o mal sobretudo como uma desgraça, desvinculado da culpa; um mal que não tem explicação. É o mal e o sofrimento experimentados pelo inocente[287]. Esta tradição está na origem das inúmeras obras de misericórdia desenvolvidas pela Igreja, para diminuir ou eliminar, quando possível, o sofrimento das pessoas. Mas, nota o autor, essa foi uma tradição bastante descuidada pela reflexão teológica, uma vez que foi abafada pela perspectiva agostiniana.

Pois bem, a tradição que vê o mal como consequência da culpa, porque foi desenvolvida unilateralmente, acabou levando, no ocidente, à busca quase obsessiva "da culpabilidade e do culpado (eu ou os outros)"[288]. Não há dúvida de que é indiscutível o mérito de Santo Agostinho na defesa da liberdade contra o fatalismo dos maniqueus. "Agostinho preferirá um homem responsável, *até mesmo culpado*, a um homem fatalizado, imobilizado diante do destino"[289].

Convém, no entanto, insistir: essa visão do mal entendido como culpa, acabou deixando muito em segundo plano o mal/desgraça, o mal do qual o ser humano não se sente culpado. É verdade, acrescenta A. Gesché, que a explicação do mal como *castigo* focaliza também o mal/desgraça, mas, a prioridade e o fundamento, mesmo quando se trata do castigo, é sempre o mal da culpa, subjacente ao castigo. Na realidade, todo mal acaba sendo, de alguma maneira culpado, dado que o mal/desgraça é entendido como um castigo, consequência de uma culpa anterior[290]. O problema do mal fica, assim, reduzido à culpa e à culpabilidade.

Entretanto, observa A. Gesché, o mal/desgraça é o que preocupa prioritariamente no mundo atual. Haja vista a sensibilidade em relação ao sofrimento de inocentes. É o mal que causa escândalo e revolta. Acresce o fato de que no nosso mundo parece existir

---

287 Cf. GESCHÉ, A. "O mal". In: *Deus para pensar*. Vol. 1. São Paulo: Paulinas, 2003, p. 111ss.

288 Ibid., p. 114.

289 Ibid., p. 115.

290 Cf. Ibid., p. 115-117.

mais preocupação com a justiça do que com a caridade e que a realidade do mal/desgraça é apresentada, continuamente, pelos meios de comunicação[291].

Para A. Gesché, a Teologia da Libertação tem o grande mérito de focalizar, de maneira direta, a realidade do mal/desgraça e, precisamente, no nível das estruturas. Mais ainda, ressalta este autor, os teólogos da libertação insistem no fato de que o mal *pode e deve ser* combatido. É próprio da proposta cristã de salvação a afirmação de que nada está irremediavelmente perdido, de que tudo pode ser salvo. Sim, o mal pode ser combatido e vencido. O mal não é para ser aceito resignadamente. Ele não tem defesa possível. Certamente, o mal deve ser percebido e combatido na interioridade da pessoa.

Essa luta pessoal contra o mal é, no entanto, insuficiente, porque também é necessária a luta contra o mal cristalizado em estruturas violentas e injustas, apontadas, por exemplo, pelo documento de Puebla (cf. p. 16, 573, 1.155, 1.257-1.258...). E, decerto, para perceber esse mal na sua radicalidade e para combatê-lo eficazmente são necessários instrumentos específicos – a começar pela interpretação da realidade e dos seus condicionamentos – que vão muito além da consciência individual[292].

Gesché, todavia, chama a atenção para o risco de que possa permanecer ainda nas teologias da libertação o antigo condicionamento que tende a ver sempre no mal a culpa e a culpabilidade ou o castigo. Nas palavras do autor, se trataria do risco do culpabilismo e do justicialismo vindicativo, perigo real, presente na abordagem do mal/desgraça. Daí decorre também o risco de que a realidade da culpa individual invada o campo da reflexão e da luta contra o mal/desgraça. E isto sem negar que, nesta modalidade do mal, possa ser detectada, frequentemente, a responsabilidade pessoal e coletiva[293].

---

291 Cf. Ibid., p. 117-118.

292 Cf. Ibid., p. 118-126.

293 Cf. Ibid., p. 126-133. O autor apresenta algumas condições básicas que, no seu entender, seria necessário levar em consideração na reflexão e no combate ao mal: uma condição psíquica, uma estética, uma litúrgica, uma escatológica, uma

3.4 E o pecado original?

Esta pergunta é procedente, pois já assinalamos o quanto a doutrina do pecado original está na base do pessimismo antropológico reinante nos séculos estudados por J. Delumeau. É um pessimismo que não se justifica biblicamente, pois, na perspectiva do Antigo Testamento, a descrição do pecado está subordinada à atuação salvadora de Iahweh. Também na visão neotestamentária, a situação de pecado aparece como contraste da boa-nova central, que é a mensagem e a realidade da graça e da salvação oferecidas por Deus, mediante Jesus Cristo[294].

É verdade que a doutrina do pecado original afirma firmemente a realidade da existência do mal[295]. Contudo, A. Gesché lembra-nos, não é um mal inerente à natureza das coisas ou do ser humano. Na criação boa de Deus, não existe nada ontologicamente mau. Nem mesmo os demônios, criados bons por Deus e por eles mesmos convertidos em maus (cf. Concílio Lateranense IV: DS 800). A criação é intrinsecamente *boa*. E continua a ser boa mesmo com a presença do mal. Deus não é causa do mal. Será, então, o ser humano o culpado da existência do mal? É o que aparece afirmar Gn 3.

Esta afirmação deve ser matizada. Com efeito, observa A. Gesché, a imagem da serpente e da tentação nos diz que o mal precede o homem; que este é também, em certo sentido, uma *vítima* do mal. Isto não significa que o homem não tenha responsabilidade sobre o mal. Sim, o homem é *parcialmente* responsável, ao aceitar e

---

teológica e uma patética (cf. Ibid., p. 133-151). Em relação à Teologia da Libertação, parece-me que A. Gesché não valoriza adequadamente a intencionalidade dessa teologia, pois o mal de que trata a Teologia da Libertação, eminentemente político, apresenta culpados muito determinados, que são denunciados insistentemente. Nessa teologia, o mal não é visto como mero acidente ou como desconectado da culpa humana. Nesse sentido, não me parece que a Teologia da Libertação possa ser considerada uma reflexão teológica sobre o mal inocente.

294 Cf. GARCÍA RUBIO, A. *Unidade na pluralidade* – O ser humano à luz da fé e da reflexão cristãs. Op. cit., p. 638-639.

295 Aqui não é o lugar adequado para desenvolver o conteúdo do chamado "pecado original" nem para apresentar uma possível reinterpretação do seu conteúdo, utilizando a visão evolucionista da vida. Sobre essa temática, cf. Ibid., cap. 16.

consentir na tentação, mas, não é responsável de uma maneira total e absoluta. Deparamo-nos, então, com uma responsabilidade e com uma culpabilidade *finitas*[296], que não têm porque esmagar, com um peso insuportável, a consciência do ser humano.

Todas estas considerações são pertinentes, mas o que interessa ressaltar aqui, para a finalidade deste trabalho, é principalmente a afirmação de que a doutrina do pecado original é uma doutrina de *salvação*. A libertação do pecado está incluída na salvação. A doutrina do pecado original está inseparavelmente unida à boa-nova da libertação-salvação. É verdade que a salvação, entendida como autocomunicação da vida de Deus, do amor que é Deus em si mesmo, vai muito além da libertação do pecado, mas, dado que este é uma realidade do nosso mundo, a libertação do pecado faz parte da salvação. É subordinando o pecado à salvação que se pode entender que "nada está perdido para sempre, definitivamente. Tudo pode ser retomado. Nada é inexorável (mentalidade grega); em resumo, tudo pode ser *salvo*"[297].

Certamente, isto constitui uma boa notícia. O fato de que se trata de pecado *original*, acrescenta A. Gesché, indica que esse mal está situado, preferencialmente, no passado, embora influencie no presente. E temos a promessa de que, no futuro de plenitude escatológica, o mal será plenamente superado. Mais uma vez, desponta aqui o tema da sobreabundância da graça, conforme a perspectiva paulina[298].

Entretanto, dado que esse pecado de origem está presente e atuante na realidade da nossa vida atual, pode-se perguntar se ele não fundamentará o sentimento de culpa. Já vimos acima que existe um sentimento de culpa sadio, que põe em jogo a nossa liberdade e nossa responsabilidade, que abre para o futuro, para a reorientação da própria vida. Mas, como visto, há, igualmente, um sentimento de culpa doentio ou mórbido, que Gesché chama de *culpabilismo* e que vem a significar a contínua autoacusação de culpa, permanecendo a pessoa fechada no

---

296 Cf. GESCHÉ, A. "O mal". In: *Deus para pensar*. Op. cit., p. 95-104.

297 Ibid., p. 105.

298 Cf. Ibid., p. 105.

próprio "eu", desconectada de qualquer ação que tenda a superar esse sentimento. É a culpabilidade vaga, indeterminada, imprecisa, inoperante, cultivada por ela mesma, autodestrutiva. Nesse sentimento mórbido de culpabilidade, a pessoa se culpa continuamente e, fechada nessa autoacusação permanente, fica incapacitada para viver o perdão, que eliminaria essa culpabilidade, tão "amorosamente" cultivada.

É fácil perceber, nesse tipo de culpabilidade, o fechamento em um narcisismo radical. E, sempre em relação com a salvação, convém prestar muita atenção ao fato de que a pessoa, nessa situação de culpabilismo, está vivendo "o maior insulto à salvação de Deus"[299]. A autodestruição, resultado do culpabilismo, nada tem em comum com o arrependimento cristão. De fato, a autoacusação contínua impede a abertura à libertação-salvação do Deus-*Abbá*. O fechamento ao amor de Deus domina essa pessoa.

Em relação ao sentimento de culpa, importa, acima de tudo, acreditar no Deus maior do que a nossa consciência acusadora: 1Jo 3,19-20. A acusação é necessária, mas só enquanto se tem em vista a libertação, só para salvar. Por isto, é preciso ter cuidado com o excesso de culpabilidade, que deriva para o culpabilismo, autodestrutor. Convém reiterar que, na revelação bíblica, encontramos um otimismo antropológico radical: o ser humano não é intrinsecamente mau! O pecado existe. Ele constitui uma trágica realidade, sem dúvida. Contudo, o pecado não é constitutivo do ser humano. Não podemos afirmar que faça parte intrinsecamente do ser humano.

Por isso, enganamo-nos, quando pensamos que Jesus de Nazaré é menos humano do que nós, porque não ser pecador (cf. Hb 4,15). Acontece, precisamente, o contrário: por não ser pecador, Jesus é muito mais humano do que nós! E, por outro lado, temos a experiência de que, quando nos deixamos levar pelo pecado, tornamo-nos menos humanos[300].

---

299 Ibid., p. 106.

300 Cf. GARCÍA RUBIO, A. *O encontro com Jesus Cristo vivo* – Um ensaio de cristologia para nossos dias. Op. cit., p. 171-174.

Por isso, A. Geshé chega a afirmar: "Eu não sou culpado, não sou um *ser* culpado, sou apenas culpado de *tal* ação". E ainda: "Não se deve dizer *eu sou pecador*, mas *eu pequei*"[301].

Conclusões

1) Obviamente, não se pretende, com as considerações anteriores, desvalorizar o sentimento de culpa sadio ou a sensibilidade em relação à realidade do pecado. Trata-se de realidades que fazem parte do processo cristão de conversão. Só que não deveriam ocupar o centro do interesse do cristão, da pastoral e da reflexão teológica. O pecado e a culpa não constituem o prioritário no encontro com o Deus de Jesus Cristo. De fato, há de se reconhecer que uma obsessão pelo pecado ainda está presente nas celebrações litúrgicas, notadamente na celebração eucarística. A este respeito, pergunta-se Morano: será que, em um encontro interpessoal, o primeiro a fazer é *sempre* pedir perdão? Ora, é isto o que acontece no encontro com Deus, na celebração da Eucaristia![302]

2) A pergunta surge de imediato: *será que estamos levando a sério a realidade luminosa de que o centro da experiência cristã consiste na acolhida do amor salvador/libertador de Deus, que nos ama incondicionalmente?* É à luz dessa experiência básica que as realidades do pecado e da culpa ficam iluminadas, e não ao contrário. É à luz do amor e do perdão incondicionais de Deus que as exigências éticas ganham o seu significado profundo. É a aceitação-acolhimento do amor gratuito de Deus que possibilita novas relações com os outros seres humanos, relações vividas pelo menos com um pouco de gratuidade, como resposta ao amor/perdão incondicional de Deus. Justamente porque experimentamos o amor gratuito de Deus, somos capacitados para amar até os inimigos, isto é, a devolver bem por mal (cf. Mt 5,38-48).

---

301 Cf. GESCHÉ, A. "O mal". In: *Deus para pensar*. Op. cit., p. 108.
302 Cf. MORANO, C.D. *Crer depois de Freud*. Op. cit., p. 141ss.

Enredados em comportamentos puramente éticos, podemos facilmente nos esquecer de que o prioritário é a graça, é a salvação de Deus. A experiência da graça supera a culpabilização exacerbada, verdadeira violência contra a própria pessoa e contra os outros. O problema da culpa não se resolve ficando apenas no nível ético, embora seja algo totalmente fundamental. É muito necessário assumir o nível propriamente teológico, o nível da experiência de salvação, ao mesmo tempo dom gratuito e acolhimento operoso, por parte da pessoa humana. A reflexão de A. Gesché, neste sentido, é bastante relevante.

3) A culpabilização, descrita por J. Delumeau, pode fazer sorrir com superioridade, a nós, homens e mulheres da Modernidade/Pós-modernidade. Entretanto, podemos perguntar: *será que a culpabilização não continua fortemente presente em nossos dias?* A resposta parece afirmativa. Lembremos a facilidade com que o medo da violência leva à culpabilização. No passado, constatamos que "o medo da violência objetivou-se em imagens de violência e o medo da morte, em visões macabras"[303]. Ora, hoje, como na época estudada por J. Delumeau, temos muito medo da violência. Basta lembrar o quanto o medo é projetado nas imagens da TV, nos filmes violentos, na defesa da violência como "solução" para os problemas sociais e humanos. E, assim, nada tem de estranho que a culpabilidade esteja presente, hoje, de maneira muito atual.

Conforme J. Delumeau, a superculpabilização seria, hoje, mais acentuada ainda do que na época por ele estudada. Na vida política, nos regimes democráticos, é fato a ferocidade com que se acusam os adversários (direita/esquerda...). E nos regimes totalitários, existe a realidade da destruição sistemática do "inimigo": o culpado, o bode expiatório. Ou, então, de maneira mais radical, lembremos a violência silenciosa que constitui a fome e a miséria de milhões de seres humanos, a violência ensurdecedora das guerras, do terroris-

---

303 DELUMEAU, J. *O pecado e o medo* – A culpabilização no Ocidente (séculos XIII-XVIII). Op. cit. Vol. 1, p. 180.

mo, da violência da corrupção, da injustiça opressora etc. e, junto com a violência, a tendência, muito forte, a culpabilizar os outros, sem misericórdia, ou para se autoculpabilizar, igualmente sem misericórdia, com uma incessante lamentação. E isto sem falar da culpabilização na Igreja. Como exemplo, podemos citar, entre nós, a agressividade furiosa externada, frequentemente, quando dos confrontos entre partidários e adversários da Teologia da Libertação.

A conclusão parece óbvia: há que se ter muito cuidado na hora de acusar os culpabilizadores do passado![304]

4) Algo parecido pode ser afirmado a respeito do "desprezo do mundo". É uma realidade que continua presente, hoje, alicerçada no dualismo antropológico, que parece espalhar-se nas comunidades eclesiais com renovada vitalidade. O ressurgimento do "espiritualismo" é um dado da realidade eclesial atual. E isso sem falar na alienação de muitos cristãos em relação à problemática social, política e econômica. E, assim, continua a ser um gritante escândalo a realidade de um país, como o Brasil, majoritariamente cristão, que apresenta, ao mesmo tempo, um dos mais elevados índices mundiais de desigualdade social.

Que o dualismo antropológico floresce, novamente, na atualidade eclesial, pode-se perceber também na tendência ao ritualismo e ao rubricismo, presente em certos ambientes eclesiásticos. Não será supérfluo lembrar que, conforme a pesquisa realizada por J. Delumeau, essas tendências estiveram bastante presentes na reforma católica, como expressões do medo do corpo e do distanciamento em relação ao mundo dos instintos, emoções e sentimentos[305].

5) A respeito das contribuições da psicanálise à antropologia, parece oportuno insistir: não deveriam ser deixadas de lado pelos teólogos e pelas pessoas que orientam a vida espiritual cristã. Uma visão integrada do ser humano exige o cuidado e a atenção com to-

---

304 Cf. Ibid., p.16.
305 Cf. Ibid., p. 577.

das as dimensões do humano, incluída a dimensão do inconsciente. E, como nem a teologia nem a espiritualidade têm possibilidade de lidar, diretamente, com essa realidade, precisam da ajuda que a psicanálise pode oferecer.

Concretamente, podemos perguntar: *por que a sexualidade e a agressividade estão na base do sentimento de culpa em tantos e tantos cristãos?* A psicanálise nos mostra a íntima relação existente entre a culpa e a sexualidade e entre a culpa e a agressividade. Certamente, trata-se de uma relação que não é exclusiva do cristão. Mas, no caso deste, reveste-se de acentuações próprias. Lembremos que, conforme a psicanálise freudiana, a proibição do incesto (mito do homem primevo) está na origem das leis e proibições. E que a lei e a proibição são internalizadas no *supereu*. Assim, desde o início da caminhada humana, existe um vínculo estreito entre a lei e a sexualidade.

A visão de Deus, apresentada e criticada nos textos estudados por J. Delumeau, um Deus visto como juiz implacável, que vigia constantemente o agir humano, contabilizando as faltas e pecados, só pode estreitar ainda mais o vínculo entre a sexualidade e a culpa. Esta visão deturpada do Deus bíblico, unida à visão pessimista e estreita da salvação cristã, faz aliança com a culpa, nos lembra C.D. Morano[306]. Acresce que a negação do sexo, fundamentada em uma visão antropológica fortemente dualista, só vai aumentar a culpabilidade. Com efeito, a sexualidade é uma dimensão básica da vida humana, e, quando reprimida e não integrada, pode facilmente exacerbar o sentimento de culpa doentio.

Algo parecido acontece com a agressividade, outra dimensão da vida humana. A vinculação entre a agressividade e o sentimento de culpa é também muito estreita. Reconhecida e assumida como tal, a agressividade deve ser educada e integrada a serviço dos valores do Reino de Deus, no caso da vida cristã. Quando negada, ela se volta facilmente contra o próprio sujeito, na forma de culpabilidade doentia,

---

306 Cf. MORANO, C.D. *Crer depois de Freud.* Op. cit., p. 155-158. Sobre a relação entre sexualidade, instituição e imagem de Deus, cf. MORANO, C.D. *Experiencia cristiana y psicoanálisis.* Op. cit., p. 131-148.

abrindo a triste possibilidade "de autorreprovação, de remorso, de autocensura e de contínua insatisfação consigo mesmo"[307]. Obviamente, essa integração é impossibilitada por uma antropologia dualista e "angelical", que acaba favorecendo a hiperculpabilidade.

6) Importa também sublinhar aqui que a revisão atual da cristologia está intimamente relacionada com a superação da culpabilidade exagerada. Tem razão C.D. Morano quando ressalta que uma visão unilateralmente expiatória, como a que predominou nos séculos estudados por J. Delumeau, só podia levar à superculpabilidade desenvolvida na consciência de muitos cristãos[308]. A diferença entre o Deus revelado por Jesus de Nazaré, especialmente nas parábolas da misericórdia (cf. Lc 15), e o Deus justiceiro e vingativo que só se reconcilia com o homem pecador mediante a morte do inocente (Jesus Cristo), é extremamente gritante. A atual revisão da antropologia teológica é, certamente, inseparável da revisão cristológica.

7) E como uma questão básica, teológica e pastoral ao mesmo tempo, reaparece o tema da imagem de Deus. J. Delumeau mostra bem o quanto predominou, nos séculos estudados por ele, a imagem do Deus justiceiro, colérico, irritado pelo pecado; um Deus castigador. Imagem extraída, em parte, da Sagrada Escritura, mas lida de maneira unilateral em diferentes âmbitos eclesiais. Diante dessa imagem, a pergunta surge, espontaneamente: *onde fica o amor incondicional de Deus, que a tradição bíblica ressalta tão fortemente*? Por isto, convém repetir: o prioritário, nessa tradição, é a graça, é o perdão, não o pecado, não a culpa (cf. Rm 5,8). Assim, entendemos a alegria e a festa pela conversão, pelo retorno de filho perdido (cf. Lc 15,11-32).

Certamente, a bondade e o amor de Deus nunca foram negados na tradição cristã. Contudo, não foi esta a imagem do Deus cristão que predominou em alguns períodos da história da Igreja, uma vez que foi projetado nessa imagem o medo que dominava as pessoas.

---

307 Ibid., p. 158.

308 Cf. Ibid., p. 155-156.

Em continuação, por sua vez, essa imagem provocava ainda mais medo no cristão: círculo do medo, apto para desenvolver a hiperculpabilidade. Na teologia e na pastoral renovadas, há décadas se desenvolve um sério trabalho de reinterpretação da imagem bíblica do Deus criador e salvador, sobretudo a partir da experiência de Jesus de Nazaré. Todavia, em não poucos ambientes eclesiais perdura ainda uma imagem de Deus que se distancia muito da revelação do Deus-*Abbá* feita por Jesus Cristo. Assim, hoje, a revisão da imagem de Deus transmitida na catequese e na pregação ordinária da Igreja continua sendo uma prioridade básica. Esta revisão pode ajudar, poderosamente, na superação do exagerado sentimento de culpa que não é infrequente na Igreja atual.

8) Na superação do sentimento de culpa doentio, é especialmente importante a revisão do Sacramento da reconciliação. É verdade que, do ponto de vista teológico, foram dados importantes passos nessa revisão[309]. Mas o impacto causado na pastoral por essa renovação parece bastante limitado. Ainda está presente, em muitos ambientes, a visão do Sacramento da reconciliação reduzida à *confissão*. Certamente, a intenção da obrigatoriedade da confissão era a reconciliação e a conversão do pecador. Contudo, conforme indicado na obra de J. Delumeau, revelou-se, no modo como foi vivenciada, uma prática bastante inadequada a essa finalidade, o que contribuiu poderosamente para a hiperculpabilização de muitos cristãos.

Urge, portanto, a apresentação desse sacramento entendido como encontro libertador com a graça de Deus. Um encontro que leva consigo o perdão e a superação da culpa. Deve ser uma celebração do perdão e da reconciliação que supere a perspectiva individualista e intimista e uma celebração que expresse a realidade do perdão de Deus vivido na comunidade eclesial. Uma celebração penetrada de esperança e de alegria. A reconciliação distancia-se muito de ser a carga pesada de que nos falam os textos estudados

---

309 Cf., p. ex., MIRANDA, M.F. *Sacramento da Penitência – O perdão de Deus na comunidade eclesial.* São Paulo: Loyola, 1978.

por J. Delumeau. Por isto, compreende-se, facilmente, o abandono atual do Sacramento da confissão por parte de muitos fiéis. Esse abandono constitui um alerta muito sério, que exige uma renovação também litúrgica, e não apenas teológica, do sacramento.

Todavia, neste momento, alguém poderia levantar a questão: *não seria a perda do sentido do pecado, ao invés da culpabilização excessiva, o grande problema pastoral atual?* De fato, deve-se reconhecer que, em não poucos ambientes, parece que se dá essa perda do sentido do pecado. Mas existe outra razão básica para o afastamento do Sacramento do perdão. Em muitos e muitos casos podemos levantar também a pergunta: *Isso seria a perda do sentido do pecado ou, no fundo, estariam muitos católicos, na verdade, fugindo do medo e do temor, tão fortemente ressaltados em um passado não muito distante?* A este respeito, de acordo com J. Delumeau, pode ser proveitoso comparar a prática da Igreja Católica sobre a confissão – obrigatoriedade da confissão anual minuciosa acompanhada de uma forte tendência para o jurídico, com o perigo de cair facilmente na casuística –, com a prática da Igreja Oriental que, certamente, valoriza "o humilde sentimento de culpa", mas sem exigir uma confissão detalhada dos pecados[310].

9) Convém reiterar que a superação do sentimento exagerado de culpabilidade não significa deixar de reconhecer a realidade de que todos somos pecadores (cf. 1Jo 1,8-10). Preservar o sentido do pecado, pessoal e social-estrutural, é algo básico na vida cristã. O pecado tem muitas caras, sempre desumanas: pecado que é rejeição ao projeto de Deus sobre a nossa humanização integral; pecado que é mentira, opressão, morte do outro, impedimento para que as pessoas possam viver como pessoas; pecado que envenena as relações interpessoais e fica como que cristalizado na organização e nas estruturas das sociedades.

Todos nós participamos do mal que é o pecado. O reconhecimento de nossa participação no mal é indispensável para a vivência da conversão. Fazemos parte de uma história em que o mal e o pe-

---

310 Cf. DELUMEAU, J. *O pecado e o medo* – A culpabilização no Ocidente (séculos XIII-XVIII). Op. cit. Vol. 2, p. 266.

cado estão fortemente presentes. E cada um de nós participa dessa história que leva consigo o mal e o pecado.

Percebe-se, assim, com facilidade, que o perdão é uma realidade profundamente humana. E certamente faz parte fundamental da experiência cristã. Confessamos o pecado, reconhecendo nossa participação no mal e confiando, simultaneamente, que Deus nos aceitará e justificará. É Ele quem nos justifica e não as nossas obras. Ser justificado resume-se na aceitação desse amor incondicional. Ser justificado implica a ruptura da prisão que significa o nosso desejo de *provar* que merecemos ser amados.

O perdão pedido a Deus, no entanto, está unido ao perdão da comunidade. Confessamos o pecado, confiando em que a comunidade nos aceitará com nossa fragilidade e com o mal que está em nós. Sabemos que os conflitos fazem parte da vida comunitária e social. Ao confessarmos o pecado, estamos expressando o desejo de criar uma convivência na qual a injustiça, o preconceito, a exclusão e a opressão vão sendo superados. E queremos trabalhar para que isso aconteça.

E o perdão ao inimigo? G. Fourez nos lembra de que, primeiramente, é necessário aceitar que podemos ter inimigos. E acrescenta este teólogo: perdoar não é sinônimo de *esquecer* e não significa, de igual modo, permitir, passivamente, que o outro continue oprimindo ou sendo injusto. E nem significa, quando se trata de conflitos coletivos, deixar de lutar contra a injustiça e a opressão. Então, o que vem a significar o perdão ao inimigo? Consiste, basicamente, em aceitar e assumir que ele não é apenas inimigo, que não se identifica totalmente com o mal praticado contra mim; que não se reduz ao mal que está causando. O perdão inclui o reconhecimento de que ele é mais do que o mal praticado[311]. Nesse clima, podemos amar o inimigo, isto é, podemos procurar devolver bem por mal, conforme a recomendação evangélica (cf. Mt 5,38-48). Todavia, esta atitude só é possível à medida que vamos aprofundando a experiência de que somos amados por Deus incondicionalmente, com total gratuidade.

---

311 Cf. FOUREZ, G. *La fe como confianza* – Aliento para construir una historia nueva. Santander: Sal Terrae, 2002, p. 103-108.

Finalmente, em relação à vivência do Sacramento da reconciliação, é necessário insistir: o perdão, recebido sacramentalmente, está unido ao perdão vivido no cotidiano, nas situações de conflito. Perdoamos e somos perdoados. E nos comprometemos na construção de relações mais humanas, no âmbito interpessoal, e de relações mais justas e solidárias, no âmbito social, econômico, político etc.

Espelhando-nos em Deus que não mede nosso merecimento, aceitando-nos, incondicionalmente, da nossa parte, vamos aprendendo a viver a aceitação mútua, com toda a nossa fragilidade, sem julgar o outro e sem medir o seu valor ou a ausência dele.

É assim que se supera, em profundidade, o sentimento de culpa doentio e pode ser vivida a realidade do pecado e do perdão em uma perspectiva de confiança e de abertura ao futuro, um futuro que desejamos melhorar. E não é difícil perceber a importância dessa vivência sadia da culpa no processo de amadurecimento da experiência do Deus cristão.

Conclusão

Chegamos, assim, ao termo destas reflexões sobre o processo de maturidade na experiência do Deus cristão. Certamente, não foram apresentados todos os passos do processo. Foram escolhidos apenas alguns básicos dentre aqueles que guardam uma relação mais direta com a psicanálise e com a psicologia profunda. Outros podem e devem ser acrescentados.

No término do caminho percorrido, acredito que não será supérfluo resumir os passos dados neste trabalho, para ajudar na concretização do processo em direção a uma experiência amadurecida de Deus.

1) Um primeiro passo é dado quando vamos aceitando a realidade da *sombra* existente em cada um de nós e nas nossas comunidades (aliás, está presente em cada pessoa e em todas as coletividades) e vamos superando a tentação de projetar nos outros (pessoas ou coletividades) os nossos problemas e deficiências. Assim, vamos vivendo na *verdade*, em um clima adequado à conversão e à aceitação do dom do amor de Deus. De fato, viver na mentira inviabiliza o processo em direção à maturidade na experiência de Deus.

2) Um segundo passo, indispensável, consiste na superação da realidade do nosso *narcisismo* radical. Quando prisioneiros do primeiro estágio da evolução psicoafetiva da criancinha, isto é, prisioneiros do desejo de continuarmos fusionados com a mãe, facilmente acabamos, no âmbito religioso, instrumentalizando Deus a nosso serviço. Trata-se do ídolo do Deus "quebra-galho"

e "tapa-buraco". A experiência do Deus cristão supõe a superação progressiva desse *ídolo*.

3) Igualmente indispensável é a superação das relações infantis com o pai. Com efeito, não basta superar esse primeiro narcisismo, representado pela identificação com a mãe. Em um segundo estágio, mostra a psicanálise, o desejo infantil de onipotência tende a ser projetado na figura do pai. Quando prisioneira desse estágio, a pessoa religiosa tende a ver Deus Pai de maneira acentuadamente conflitiva: de um lado, como legislador e juiz implacável, de outro, como protetor e defensor, a serviço dos interesses mais ou menos egoístas do crente. A partir da experiência vivida por Jesus de Nazaré com o Deus-*Abbá*, é necessário descobrir a qualidade das relações com Deus, relações vividas na abertura ao futuro, de maneira responsável, na história concreta; no polo oposto da regressão infantil.

Reconhecer e superar a tentação da fixação nesses dois estágios da evolução psicoafetiva possibilita o descobrimento do Deus que convida a viver o encontro com Ele, articulando a dimensão *mística*, contemplativa, e a dimensão *ética*, o compromisso com a justiça e o amor efetivo, especialmente em relação aos mais pobres e excluídos dos seres humanos. Relação amadurecida com um Deus que se revela com aspectos maternais e paternos.

4) O desafio atual da *violência* é ocasião oportuna para assinalar outro aspecto fundamental do processo de maturidade na experiência do Deus cristão: a dimensão *comunitária*. Uma experiência comunitária *sadia* oferece o clima adequado para a vivência da relação com esse Deus que em si mesmo é Relação, Trindade. E, por sua vez, a experiência comunitária cristã exige o desenvolvimento de uma subjetividade aberta, bem como, inseparavelmente, de certa maturidade afetiva. A vivência comunitária eclesial – quando é, de fato, sinal e instrumento do Deus amor e da fraternidade humana, concreta – constitui uma resposta profunda ao desafio da violência e, ao mesmo tempo, oferece o

ambiente necessário para o amadurecimento da experiência do Deus que é Comunidade.

5) A realidade da *culpabilidade* exacerbada, em certos ambientes cristãos, coloca-nos diante de outro aspecto básico no processo de maturidade na experiência de Deus. O sentimento de culpa pode ser doentio, quando, prisioneira do passado e de um narcisismo ferido, a pessoa fica fechada na própria culpa, de maneira estéril e autodestrutiva ou destrutiva dos outros. O sentimento de culpa na pessoa que vive o processo de amadurecimento na fé está aberto ao futuro a ser melhorado, orienta para o pedido de perdão, para a reparação do mal cometido, para a conversão. Na experiência do Deus cristão, o central é sempre a salvação oferecida com total gratuidade, é o amor e a graça de Deus. O pecado e a culpa são vistos a partir dessa centralidade da salvação. Na experiência cristã, o fundamental, no ser humano, é a abertura para acolher o dom do amor incondicional do Deus-Ágape. É à luz e ao calor desse amor que a negatividade do pecado e a realidade da culpa são vistas. É à luz e ao calor do amor de Deus que a pessoa, que vai amadurecendo na experiência do Deus cristão, vive o reconhecimento do pecado e o caminho da conversão.

É precisamente ao tratar da culpa e do pecado que reaparece o elemento mais fundamental, mais simples e mais profundo, da experiência do Deus cristão: a realidade libertadora de que somos amados gratuitamente por Deus, de que somos amados incondicionalmente, para além de qualquer merecimento de nossa parte. Esse é o início do caminho, essa é a continuação dele e essa é meta em cuja direção o cristão caminha. Viver a experiência amadurecida de Deus consiste, simplesmente, em acolher esse amor. Ora, a receptividade para acolher o amor de Deus nos leva, *ativamente* (receptividade ativa) ao amor-serviço, à vivência da solidariedade concreta e ao compromisso em favor da justiça.

Os passos apontados neste livro estão a serviço dessa experiência. Eles constituem uma limpeza do terreno, oferecendo, ao mesmo tempo, um pequeno mapa do caminho a ser percorrido. Tomara que, ao menos algumas pessoas cristãs, ao lerem e meditarem o conteúdo do livro, aceitem o desafio de rever a qualidade da própria fé. Isso será, para mim, motivo de alegria. E maior será essa alegria, se algumas comunidades eclesiais tiverem a coragem de aceitar o desafio de rever o sentido e a orientação seguidas na espiritualidade e na pastoral, de tal maneira que possam ajudar, de fato, o amadurecimento da experiência cristã de Deus.

Rio de Janeiro, 8 de dezembro de 2019.

Índice

Sumário, 5

Introdução, 7

1 Da "sombra" à verdade que liberta, 13

Introdução, 13

1 Século XX: humanização *vs.* desumanização?, 15

1.1 O estarrecedor caminho da desumanização, 15

1.2 A desumanização no Brasil, 18

1.3 O processo de humanização, 19

2 A necessidade da hermenêutica na reflexão teológica atual, 20

3 Em que consiste a sombra?, 28

3.1 Será que a sombra é sempre negativa?, 29

3.2 É mentirosa a sombra?, 30

3.3 A sombra reconhecida e não negada (repressão), 32

3.4 A realidade da projeção, 32

3.5 Como podemos perceber em nós a realidade da nossa sombra?, 34

3.6 A necessária disciplina para enfrentar a própria sombra, 36

3.7 Aceitação da sombra; aspectos enriquecedores, 36

3.8 A sombra coletiva, 37

3.9 A sombra coletiva nas novas formas de religiosidade, 38

3.10 A sombra coletiva desmascarada por Jesus de Nazaré, 39

4 A gravidade da mentira, conforme o Novo Testamento, 41

4.1 A verdade que salva, 42

4.2 A mentira como alienação radical, 44

5 A realidade da sombra e a revisão atual pessoal e comunitária, 48

5.1 O necessário bom-senso em confronto com os desafios provenientes da psicologia profunda e da psicanálise, 49

5.2 O reconhecimento da sombra e o desafio da nossa conversão pessoal e comunitária, 50

5.3 O desafio atual da atitude farisaica, 52

5.4 O pecado reconhecido como pecado, 53

5.5 A projeção da sombra inviabiliza o diálogo, 55

5.6 A sombra coletiva em nossas comunidades eclesiais, 55

5.7 O desafio da verdade e da veracidade, 56

Conclusão – O Amor e a Vida têm a última palavra, 57

2 Superação do infantilismo religioso, 61

Introdução, 61

1 O difícil diálogo crítico entre psicanálise e teologia, 63

2 O desejo de onipotência nas duas primeiras fases da evolução psicoafetiva do ser humano, 66

  2.1 O desejo de onipotência: a relação com a mãe, 67

  2.2 E qual seria a importância da relação com o pai nesse processo?, 68

  2.3 O amor a si próprio e a abertura aos outros como outros, 69

3 O desejo infantil de onipotência e a experiência religiosa, 72

4 O encontro adulto com o Deus da revelação bíblica, 77

  4.1 A tentação constante da idolatria, 78

  4.2 Do fantasma da regressão infantil ao símbolo aberto ao futuro, 79

  4.3 A necessária articulação entre o místico e o profético, 83

  4.4 Ulterior caracterização da experiência do encontro com o Deus da revelação bíblica, 84

5 Para uma fé amadurecida: implicações pastorais, 88

Conclusão, 92

3 A fé cristã em Deus Pai e a crítica freudiana da religião, 95

Introdução, 95

1 A necessidade da solução satisfatória da relação infantil com a mãe e com o pai para o desenvolvimento de uma experiência religiosa amadurecida de Deus, 96

2 A relação de Jesus de Nazaré com o Deus-*Abbá*, 100

3 A nossa relação com Deus Pai hoje, 107

  3.1 A filiação divina do cristão nas limitações do presente, 107

  3.2 A relação com Deus-Pai pode ser expressão do narcisismo infantil, 108

  3.3 O ídolo do deus rival da autonomia da criatura humana, 109

  3.4 A psicologia religiosa: o símbolo Pai e a superação do deus da regressão infantil, 116

  3.5 A relação libertadora com o Deus Pai é real!, 117

4 O Deus Pai cristão é um Deus do amor gratuito que "se esvazia" (*Kenose*) por amor, 120

  4.1 Ambiguidade na Igreja a respeito da realidade do Deus cristão, 120

  4.2 A revisão atual da imagem do Deus cristão, 123

    Conclusões, 128

4 O desafio do mal: violência e a experiência cristã comunitária, 137
Introdução, 137
1 A violência aninhada no coração humano, 138
2 Três itinerários para a superação da violência, 140
  2.1 Como enfrentar a violência, na ótica de E. Morin, 140
  2.2 O caminho para superar a violência, conforme R. Girard, 143
  2.3 A resposta à violência e ao mal, na perspectiva da teologia da criação/
    salvação, conforme A. Gesché, 148
3 Superação da violência destruidora: afetividade amadurecida vivida na
  subjetividade aberta, 151
  3.1 A afetividade e o dinamismo básico do ser vivo, 152
  3.2 A "subjetividade" é patrimônio de todo ser vivo?, 153
  3.3 A especificidade da subjetividade humana: a afetividade
    propriamente humana, 155
4 A experiência comunitária sadia e o desafio da violência, 157
  4.1 Comunidade: comunicação pela sensibilidade, 157
  4.2 Comunidade e comunicação de sentimentos sinceros de aprovação, 158
  4.3 Comunidade e expressão de sentimentos de desaprovação, 160
  4.4 Comunidade e aceitação sincera da aprovação dos outros, 161
  4.5 A abertura e a aceitação do outro como outro, base de uma
    experiência comunitária sadia, 162
  4.6 Experiência comunitária e conflitos, 164
  4.7 Comunidade cristã: dimensão eucarística e pneumatológica, 166
Conclusões, 167
5 Prioridade do perdão sobre a culpa, 170
Introdução, 170
1 A pastoral do medo e a culpabilização, 172
2 A culpa na perspectiva psicanalítica, 178
3 Sentimento de culpa na perspectiva cristã, 182
  3.1 Salvação cristã e libertação da culpa, 183
  3.2 A prioridade da graça e do amor, 184
  3.3 A realidade do mal sem culpa, 186
  3.4 E o pecado original?, 189
Conclusões, 192
Conclusão, 201

CULTURAL

Administração
Antropologia
Biografias
Comunicação
Dinâmicas e Jogos
Ecologia e Meio Ambiente
Educação e Pedagogia
Filosofia
História
Letras e Literatura
Obras de referência
Política
Psicologia
Saúde e Nutrição
Serviço Social e Trabalho
Sociologia

CATEQUÉTICO PASTORAL

Catequese
Geral
Crisma
Primeira Eucaristia

Pastoral
Geral
Sacramental
Familiar
Social
Ensino Religioso Escolar

TEOLÓGICO ESPIRITUAL

Biografias
Devocionários
Espiritualidade e Mística
Espiritualidade Mariana
Franciscanismo
Autoconhecimento
Liturgia
Obras de referência
Sagrada Escritura e Livros Apócrifos

Teologia
Bíblica
Histórica
Prática
Sistemática

REVISTAS

Concilium
Estudos Bíblicos
Grande Sinal
REB (Revista Eclesiástica Brasileira)

VOZES NOBILIS

Uma linha editorial especial, com importantes autores, alto valor agregado e qualidade superior.

VOZES DE BOLSO

Obras clássicas de Ciências Humanas em formato de bolso.

PRODUTOS SAZONAIS

Folhinha do Sagrado Coração de Jesus
Calendário de mesa do Sagrado Coração de Jesus
Agenda do Sagrado Coração de Jesus
Almanaque Santo Antônio
Agendinha
Diário Vozes
Meditações para o dia a dia
Encontro diário com Deus
Guia Litúrgico

CADASTRE-SE
www.vozes.com.br

EDITORA VOZES LTDA.
Rua Frei Luís, 100 – Centro – Cep 25689-900 – Petrópolis, RJ
Tel.: (24) 2233-9000 – Fax: (24) 2231-4676 – E-mail: vendas@vozes.com.br

UNIDADES NO BRASIL: Belo Horizonte, MG – Brasília, DF – Campinas, SP – Cuiabá, MT
Curitiba, PR – Fortaleza, CE – Goiânia, GO – Juiz de Fora, MG
Manaus, AM – Petrópolis, RJ – Porto Alegre, RS – Recife, PE – Rio de Janeiro, RJ
Salvador, BA – São Paulo, SP